龍谷大学の日々

——学長職退任にあたって——

赤松徹眞 著

永田文昌堂

刊行によせて

本書は私がこのたび学長職の任期をおえるに際し、二〇一一年度から二〇一六年度まで六年の任期中における式辞・法話、あるいは折々に書き綴ってきたメッセージをいくつか集めたものです。話し言葉が多く、読みづらいとは思いますが、掲載しました。

最初にとりあげましたのは入学式式辞です。入学式は龍谷大学の場合、複数学部に分けて四月一日・二日、両日で合計五回挙行しています。私は新入生にお祝いを述べるとともに、大学生活を送るにあたって学部によって異なる心構えを語るようにつとめてきました。ここでは、就任時の二〇一一年度、二〇一三年度、そして二〇一六年度の式辞をとりあげました。

「学生手帳」は、新年度はじめに学生全員に配布しています。学生生活を送るにあたってのガイド集、学年暦などを記載したその手帳の巻頭には、毎年法語を掲げて解説文を加えたページを入れました。就任期間六年間を積み重ねますと、六つの法語を学生の皆さんに届けたことになります。

学年がはじまり学年がおわる一年の間に、「学長法話」を六回程度おこなってきました。学生・教職員に折々私の思いを伝えさせていただきましたが、キャンパスごとの法話ですので、大宮・深草・瀬田の三キャンパスで日にちが異なります。朝の勤行に続き一五分程度の時間ですから、今思い返せば、その都度講題に苦心することが多かったように思います。六年間にわたる任期で、こうした法話は創立記念降誕会や報恩講、新年法要などを含めると合計五〇回あまりにのぼりました。ここではキャンパスや時期とりどりに、六回の法話をとりあげました。

私の学長就任直前には大変痛ましい東日本大震災、東京電力福島第一原発事故が起こりました。就任期間中にも大きな災害が次々に起こり、鹿児島、和歌山、広島、そして熊本と、学生たちの出身地を襲い甚大な被害が生じました。阪神・淡路大震災二〇年にあたる日も迎えました。それらに関わる式辞・メッセージは多いのですが、ここでは一、二掲載しました。

次に、年度おわりに迎える卒業式の式辞を収録しました。龍谷大学では卒業式は入学式同様二日間で五回に分けて挙行いたします。私は卒業の喜びを学生の皆さん、保護者の皆さん、教職員とともに味わえた感動を式辞に込めました。これら式辞のうち、ここでは二〇一二年度、二〇一四年度、そして二〇一五年度のものをとりあげております。

本書のおわりには、退職を迎えた二〇一六年度、四月から一年間にわたって新聞連載で月々の思いを述べてきました、その記事を再録させていただきました。

これらひとつひとつに、私は学生に向けての学長としての思いを込めました。私にとって龍谷大学学長職六年の月日は短くもあり長くもあったように感じますが、語りかけた一人ひとりのお顔が目に浮かび、学窓の日々を彷彿とさせる文章の片々です。

過日、挨拶原稿を読み返してみましたら、学長職の日々を懐かしく思い起こすことができました。あらためて関係の皆さまへの感謝の念を強くいたしましたことが、小書刊行のきっかけとなった次第です。もしこの小書が今後の龍谷大学の発展にとって何らかのヒントになりましたら、それは私の望外の喜びです。

日々多くの方々に支えられて、このたび任期を全うすることができましたこと、まことに有難く、厚く御礼申しあげます。ありがとうございました。

二〇一七年一月二三日

赤松　徹眞

目次

学生手帳巻頭言

学長法話・メッセージ

学長法話

メッセージ

卒業式　式辞

月々の言葉 『京都新聞』（夕刊）掲載

龍谷大学の日々

――学長職退任にあたって――

入学式　式辞

二〇一一（平成二三）年度

文学部、法学部、文学研究科、法学研究科、法務研究科（法科大学院）、実践真宗学研究科の新入生に向けて

二〇一一（平成二三）年四月一日（金）　於：深草キャンパス

龍谷大学文学部・法学部の新入生の皆さん、そして大学院文学研究科・法学研究科・法務研究科・実践真宗学研究科に進学された皆さん、ご入学おめでとうございます。龍谷大学を代表して、新たな飛躍のときを迎えられた皆さんに心からお祝いを申しあげます。

また、ご家族の皆さんにも心よりお祝い申しあげます。今日は、厳しい切磋琢磨を伴う学びの世界への、はるかに実り豊かな旅立ちの日です。同時にそれは、自らの進路をたくましく切り拓く人間としての成長の、第一歩でもあります。どうか篤い期待をもちつつ、温かく、冷静に見守ってあげてくださいますよう、お願い申しあげます。

さて、このたびの大地震は想像を絶する甚大な被害をもたらしました。こうした未曾有の出来事を前に、人の力の及びがたさを痛感せずにいられません。絶望的であります。し

かし、私たちは絶望してはなりません。絶望する必要もありません。筆舌に尽くしがたい経験に思わず立ち竦み、悲しみを噛みしめながら、それでも立ち上がり、この困難を乗り越え、生きていこうとする人々がたくさんいます。そして、それを必死に支えようとする人々が大勢います。そこにあるのは、人間の尊厳と確かな希望です。

数日前の新聞に「日本には再建という大きな希望が残されている」と書いていらっしゃったのは、作家の加賀乙彦さんです。もちろん、大きな希望を一人で背負うことなどできません。大事なのは、私たち一人ひとりが悲しみとともに希望をも少しずつ分かち合い、それぞれの夢を重ね合わせながら、その実現に向けてともに生きていくことです。

では皆さんは、どのような夢や希望を抱いて龍谷大学に入学されたでしょうか？　まずは、自分の夢や希望をしっかりと見極めてください。そして、その実現のために努力を惜しまないでください。一人ひとりの夢の実現が積み重なり、結ばれるとき、大きな希望はきっと叶えられるはずです。龍谷大学の教職員一同、夢や希望の実現のために邁進する皆さんを全力でサポートいたします。

ところで、龍谷大学の歴史は、一六三九（寛永一六）年に本願寺境内に開設された学寮にはじまります。以来、進取の精神をもって発展を続け、滋味豊かな伝統を培ってきました。創立三七二年目となる今年は、新たに政策学部・政策学研究科を加えた八学部、九研究科、一専門職大学院、一短期大学部、四研究所に、約二万人の学部生・大学院生らが集う総合大学として、さらなる成長を遂げました。また、四月五日には、日本初の本格的な仏教の総合博物館として龍谷ミュージアムも開館いたします。

こうした歴史を有する龍谷大学は、親鸞聖人の精神を建学の精神として掲げています。それは、阿弥陀仏の大いなる慈悲と智慧のはたらきの中で人間の根源的なありようを問いかけ、人間としての生きる意味を求め、すべてのいのちを大切にし、真実に生き抜かれた親鸞聖人の生き方を指針として、ともに学術研究や人間形成を行っていこうとするものです。今年は、親鸞聖人が往生の素懐を遂げられてから七五〇年目にあたり、龍谷大学の設立母体である本願寺では、四月九日から親鸞聖人七五〇回大遠忌法要が厳修されます。皆さんには、さまざまな行事などへの参加を通じて、親鸞聖人のご生涯に学ぶご縁をもっていただきたいと思います。

時代は今、激しく動いています。国の内外を問わず、大きな変化の真っ只中にあります。

そのような時だからこそ、高等教育機関としての大学に対する期待が高まっています。建学の精神に基づいて、豊かな教養と人間性、および深い知性を有する多くの学生を育んできた龍谷大学が果たすべき使命も、いっそう増していきます。

龍谷大学では、昨年度から、新たな長期計画に基づくさまざまな取り組みをスタートさせました。その中でも特に、これまで以上に教育を重視した大学づくりをすべく、諸課題に取り組んでいます。私たちは、学生自身が知的探究心をもって、幅広い教養と深い学識、高い倫理観と豊かな想像力を身につけることができるよう、教育力を強化してまいります。また、力強

く自らの進路を切り拓き、国内外からの期待に応えられるような有為の人間を育成することで、就職力のある大学を実現したいと考えています。もちろん、研究にも積極的に取り組みます。高度な知の発信拠点として、すぐれた研究成果を広く社会に還元し、人類社会の公共性に貢献することも、大学の重要な責務です。

学部に入学された皆さん。大学での学びを有意義なものとするためには、まずは高校時代とは一区切りをつけて、意識や姿勢を転換させることが大切です。自ら主体的に学び、考えようとしない限り、大学生活はつまらないものになってしまいます。与えられた課題をこなすだけでは、夢や希望は実現できません。自分自身で問題を発見し、解決する力を養うことこそが、大学での学びの核心です。ぜひ、自らアクションを起こして、学びの基盤となる知的技法や、他言語も含めた幅広い教養、さらに専門分野に関する基礎的知見などを貪欲に吸収してください。そして、柔軟でクリエイティブな知性を備え、未来に向かって力強く踏み出せる人になってください。また、ボランティア活動なども含めた課外活動も、貴重な学びの体験となることでしょう。積極的に取り組み、素敵な出逢いと経験を味わってください。コミュニケーション能力や問題解決能力などを培いながら、豊かな人間関係を築いてください。そして、それらをも糧にしつつ自らの進路を切り拓いていってください。

研究科に進学された皆さん。皆さんは、これまでの学問的研鑽を踏まえながら、新たな飛躍を求めてさらに勉学、研究する道を選ばれました。強靱な知力、精神力、体力を必要とするこれからの挑戦が、実りある成果を結ぶよう期待しています。現代の社会では、高度な専門的・先端的知識を習得した人の果たす役割が増しています。高度な知の担い手として、知の体系や構造を視野に入れながら、専門分野でさらなる研鑽を積み、その成果を社会に発信してください。高い志をもって、社会に貢献してください。

今日、ここに入学の日を迎えられた皆さんにとって、これから最も大事になるものの一つは「言葉」ではないでしょうか。一見すると、文学部と法学部とでは、学ぶ内容が全く異なります。また同じ学部の中でも学科専攻やコースによってずいぶん違います。各研究科の専門分野の多様さは言うまでもないでしょう。しかし、それぞれの学びにおいて「言葉」を無視することはありえません。そもそも、人間社会は「言葉」によって関係づけられた世界です。仏教の経典も哲学書も歴史史料も文学作品も、「言葉」によって成り立っています。法律も例外ではありません。そして、「言葉」の正しい理解と洞察力にすぐれた解釈、さらにそれらに基づいた実践が専門研究の根幹になければならないという点でも、共通するところがあります。「言葉」をぞんざいに扱う人が、鋭い人権感覚をもつことなど不可能ですし、市民のために働く法律家になれるとは思えません。「言葉」に敏感でない人は、人間の心を見誤り、歴史の真実を見逃し、小説の力を見下すことでしょう。皆さん、どうぞ日頃から「言葉」を大切にして、よく見つめ、噛みしめてください。そうすれば、学びだけではなく、人生そのものも深みのあるものになるはずです。

改めて、皆さんが龍谷大学で実り豊かな学生生活、研究生活を送られることを、そして皆さんの前途に輝かしい未来があらんことを願って、私の式辞といたします。

二〇一三（平成二五）年度

国際文化学部、国際文化学研究科の新入生に向けて

二〇一三（平成二五）年四月二日（火）　於：瀬田キャンパス

龍谷大学国際文化学部の新入生の皆さん、そして大学院国際文化学研究科に進学された皆さん、ご入学おめでとうございます。新たな飛躍の時を迎え、大いなる夢と希望を抱いて、今まさに深淵なる学びの世界へと踏み出された皆さんに、龍谷大学を代表して、お祝いを申しあげます。

また、ご家族の皆さまにも、心よりお慶び申しあげます。これからの学びの日々の中で、学生は時に困難な出来事に遭遇して不安になり、時に複雑な問題に対応しきれずに混乱し、時に志を遂げることができず、挫折感を味わうこともあるでしょう。その際、一人で悩み過ぎたり、誤った苦しみ方をしないようにすることが、何よりも大切です。悩み苦しむべき時に正しく苦悩することができれば、生きる意味を見つめ直し、自らを成長させることができるからです。苦悩を孤立させずに、安心して悩み、心置きなく苦しめるように、支

えてくれる存在がぜひとも必要なのだと思われます。これから自らの未来を切り拓いていくうえで、自分を信じ、そっと、しかし、しっかりと見守り続けてくださるご家族の、温かくも冷静なまなざしを感じられることが、学生にとって心強い後ろ盾となるはずです。

それとともに、浄土真宗の精神を建学の精神とする本学での学びを通じて、阿弥陀仏の限りない慈悲と智慧の光に照らされ、抱かれている〝私〟という存在に目覚めることが、この上ない導きとなるに違いありません。皆さんが、感謝する気持ちを忘れず、阿弥陀仏の願いに生かされ、真実の道を歩まれた親鸞聖人の生き方に学びながら、力強く、かつ、しなやかに生きる

力を養い、人間として大きく成長されることを切に願っています。

二〇世紀のポルトガルを代表する詩人、フェルナンド・ペソアは、「いつもと時間の使い方を変えるだけで、ひんやりとした新奇な感覚と、軽い当惑の快感が精神に惹き起こされる」（一）と語っています。確かに、見慣れた日常やありふれた風景も、わずかな変化によって、新たな環境として立ち現れ、私たちの頭と心と体とを刺激し、新しい自己の発見を促すことがあります。いつもよりも少しだけ早く起きてみる。いつもとは違う道を通ってみる。目の高さを少し変えて周囲を眺めてみる。たとえば、意識的にこうしたささやかなズラシを経験すると、これまでの自分が当たり前だと感じ、考えていたこと、それしかないと思い込んでいたことが、実はそうでもないことに気づかされるはずです。そして、今までとは違う自分と出会うことができる。

複雑さが増し、あらゆることが加速度的に変化していくかに見える激動の現代は、自然環境やエネルギー、国際経済や法秩序、差別や貧困、あるいは文化の交流・複合といった、国境を越えた人類的・地球的課題が山積しています。世界で起きるさまざまな出来事を「対岸の火事」として傍観できなくなっているのが、現代という時代です。正確には、あらゆる時代において物事は複雑に絡み合い、関係しつつ共存してきたと言うべきでしょうが、しかしそうした事態の危機的状況が顕在化し先鋭化したのが現代であるのは確かです。直接には何も変わっていないようで、また変えたつもりはなくとも、私たちの生きる環境は常に確実に変わり続けている。こうした認識をもつならば、環境と関連づけられ呼応しながら生きる私たち自身もまた常に創造的に変化し、成長していくことができるはずだ、またそうあるべきだ、との考えに至り着くものと思われます。

では、たとえば二年前に発生した東日本大震災が思いがけずも招き寄せた新たな環境に、私たちは十分に、そして柔軟に対応し、新しい自分を見いだし得ているでしょうか。私たちの社会は、新しい発想とそれを表現する言葉、そして実践力を手に入れることができているでしょうか。仮に、できていない、できそうな予想や予感さえ持てていないとすれば、そもそも環境の変化に本当の意味で気づいてはいない、私たちを包み込む新たな環境の出現を実は見ていない、見ようとしていないのではないでしょうか。自分の置かれた環境をよく見つめ、よりよい社会を実現し、希望溢れる未来に立つために、多様な可能性を見いだし、手繰り寄せることのできる知性と感性、つまり人間性を高め、自身を成長させることが、今、切実に求められていると、私は考えます。

大学入学、大学院進学もまた、いかに新たな環境を発見し、新しい自分を創造していくかが問われる経験となることでしょう。「学問の営みは、新たな可能性を求めて、力いっぱい窓を開ける営みである」（二）と仰った方がいますが、皆さんもぜひ、本学で過ごす貴重な時間を有効活用して、勇気をもって自分自身の既存の枠から出て、有意義な人生と社会を実現するためのポテンシャルを高めてください。本学の学びが、皆さんにとってそうしたかけがえのない知的体験となるよう、龍谷大学では現在、ハード・ソフト両面での教育力の強化に積極的に取り組んでいます。

学部に入学された皆さん。大学とは、与えられた問いに対する答えを学ぶところではありません。もちろん、答え方の技能を身につけることは必要ですし、そのための知識を貪欲に蓄積することを軽んじてはなりません。しかし、より本質的には、解決済みと思われていることから新たな問いを掘り起こし、デザインしてみせる力、そしてそれにクリエイティブに応答できる力と志とを育む点にこそ、大学での学びの醍醐味があります。

同時に、授業のみならず、サークルやボランティアなどの課外活動にも参加しながら、多様な体験と人間関係を通じて、主体性と協調性とを醸成していくことも大切です。龍谷大学にあなたなりの居場所をうまく見つけ、充実した学生生活を送ってください。なお、はじめに述べたように、一人で苦悩を抱え込みすぎてはいけません。皆さんの周りには、受け入れてくれる仲間、信頼できる教職員、そして愛情深いご家族がいることを忘れないでください。大学としても、相談窓口を充実させるなどして、全力で支援していきます。

研究科に進学された皆さんは、さらなる高みを目指して、厳しい学問の世界で研鑽することを、あるいは高度専門職への道を選ばれました。現代にあって最も求められているのは、一方的に専門知識を授けたり、機械的に専門技術を運用するだけの、単なる「専門家」ではなく、合理的思考力と批判的実践力とを兼ね備えた、開放的な知の担い手としての「知識人」です。そのことを十分に理解して、視点を高く維持し、視界を広げながら、専門分野での研究・勉学を深め、その成果を積極的に社会に発信し、世界に貢献してください。活躍を期待します。

世界的に進展しているグローバリゼーションは、経済のみならず、先ほど述べたような、政治・社会・文化や環境・エネルギーなどをめぐる地球規模の諸問題を浮かび上がらせ、私たちに厳しい課題を突きつけています。

国際文化学部および国際文化学研究科で学ばれる皆さんは、国際的なコミュニケーション力や想像力を鍛え、文化理解や文化交流によって課題を解決する能力を養っていかれますが、こうしたグローバルな状況において〝ダイバーシティ〟、つまり多様性をいかに捉えていくかが、皆さんにとっても重要なテーマになるものと思います。ここで改めて、フェルナンド・ペソアの言葉を紹介したいと思います。彼は、「あらゆるものがわれわれとは違っている。だから、すべては存在する」と言う一方で、「われわれの一人ひとりが多様で、多数で、自己自身の増殖なのだ」とも語りました。多様性あるいは多数性を、自己と他者との間だけではなく、自己の内部にも見いだそうとする、そのまなざしは示唆的です。自分を確固とした閉じた存在として、その位置を確保したうえで、外部に広がる世界

の多様性を認めるというのではなく、もっとラディカルに、自分自身をも世界とコミュニケートしながら変容する、開かれた存在として見つめるところから、単にそれぞれの違いを尊重し認め合うということにとどまらない、もっと積極的なダイナミズムをもったものとして、文化の多様性を捉え返す可能性が垣間見えるからです。

なお、すでにご存じのように、国際文化学部および国際文化学研究科は、二〇一五年度より深草キャンパスに移転する予定です。学部に入学された皆さんを中心に、学生生活の途中でキャンパスが変わることに不安を抱いている方が少なくないかもしれませんが、皆さんの学びに不利益が生じないよう十分に配慮しつつ、むしろ皆さんが多文化共生キャンパスの実現を目指す龍谷大学のエンジンとなって、これまで以上に活躍できるような環境を創造していきたいと考えています。まずはこの瀬田キャンパスで大いに学び、新たな環境の中で新たな自己を発見し、成長するために必要な跳躍力をしっかりと蓄えておいてください。

皆さんが龍谷大学で実り豊かな学生生活、研究生活を送られることを、そして多様な可能性を開拓するとともに、その可能性を可能性のままで終わらせずに、一五〇%の努力を傾注して、実現することのできる力を養われることを心より念じ申しあげて、私の式辞といたします。

本日は、まことにおめでとうございます。

【参考文献】

（一）フェルナンド・ペソア『新編 不穏の書、断章』（澤田直訳、平凡社、二〇一三年）
（二）橋本努『学問の技法』（筑摩書房、二〇一三年）

二〇一六（平成二八）年度
経済学部、経営学部、法学部、政策学部、大学院経済学研究科、法学研究科、経営学研究科、政策学研究科の新入生に向けて

二〇一六（平成二八）年四月一日（金）　於：深草キャンパス

龍谷大学経済学部・経営学部・法学部・政策学部の新入生の皆さん、大学院経済学研究科・法学研究科・経営学研究科・政策学研究科に進学された皆さん、ご入学おめでとうございます。龍谷大学を代表して心からお祝いを申しあげ、歓迎いたします。

ご列席をいただいた、ご家族の皆さまにも、心よりお慶び申しあげます。

皆さんは、これからの学びの日々の中で、時に困難な出来事に遭遇して不安になり、時に複雑な問題に対応しきれずに混乱し、時に志を遂げることができずに、挫折感を味わうこともあるでしょう。その際、一人で悩み過ぎたり、誤った苦しみ方をしないようにすることが、何よりも大切です。悩み苦しむべき時に、正しく苦悩することができれば、生きる意味を見つめ直し、自らを成長させることができるからです。苦悩を孤立化させずに、

安心して悩み、心置きなく苦しめるように、支えてくれる存在がぜひとも必要なのだと思われます。これから自らの未来を切り拓いていくうえで、そっと、しかし、しっかりと見守り続けてくださるご家族の温かくも、冷静なまなざしを感じられることが、皆さんにとって心強い後ろ盾となるはずです。大学としては、「なんでも相談窓口」を開いていますので、皆さんを全力で支援していきます。

龍谷大学は、一六三九（寛永一六）年に西本願寺境内に開設した教育施設・学寮を淵源として、今年で三七七年目を迎えます。この間、幾度かの歴史社会の激変を経験しながら、「浄土真宗の精神」を建学の精神とし、学術研究に基礎づけられた教育、そして基礎的・応用的・先端的研究を推進して、その成果を社会に還元し、広く学術文化の定着や社会の発展に貢献してきました。昨年二〇一五（平成二七）年四月、瀬田キャンパスに農学部を開設し、国際文化学部を深草キャンパスに移転して、国際学部と改称し、新たな教学展開をスタートしました。今や、九学部、一短期大学部、一〇研究科に二万人を超える学生・大学院生が在籍する総合大学に発展しています。

本学は、仏教系大学として、親鸞聖人が開かれた「浄土真宗の精神」を建学の精神としています。古代インドのサンスクリット語のアミターバ、アミターユスのアミタの音写である阿弥陀仏は、無量光・無量寿、智慧・慈悲を意味します。阿弥陀仏の光に照らされて、自らの自己中心性が顕《あらわ》にされることにおいて、自らの硬直した視点から解放され、広く柔らかな視野を獲得することができ、また、分析的な知性では把握できない「恵まれたいのち」の中で存在して、「生きる意味」に目覚め、しっかり生き抜いて歩むことができます。皆さんが、釈尊、親鸞のご生涯、思想を学び、徹底して考え抜いて、何が真実なのか、何が虚仮、偽りなのかを明らかにすることをとおして、たくましく、しなやかに生きる力を養い、人間として大きく成長されることを切に願っています。

グローバル化の現代は、ヒト・モノ・カネ・情報・文化などがたやすく国境を超える一方で、画一的なスタンダード化、国際標準化が進んでいます。グローバル化は、ローカルな文化価値・言語・伝統・慣習・習慣の生活様式などの空洞化を招き、人々の不安化、生きづらさをもたらしています。さらに情報社会の進展は、ＩＴ機器を通じて、容易に情報を検索・収集することを可能にして、「脳を使わなくてもいい」社会、深く思索したり、相手を思いやったりしなくていい社会をつくってしまっています。しかし、世界で起きるさまざまな出来事を「対岸の火事」として傍観できなくなっているのも、現代という時代です。そういう事態の危機的状況が顕在化し、先鋭化しているのは確かです。直接には何も変わっていないようで、また変えたつもりはなくても、私たちの生きる環境は常に確実に変わり続けています。こうした認識をもつならば、現代の環境と関連づけられ、呼応しながら生きる私たち自身は、時代社会の変化の本質を見据えて、高度な知性を身につけて、常に創造的に変化し、成長していくことができるはずだ、またそうあるべきだ、という考えに至りつくものと思われます。

大学入学、大学院進学もまた、いかに新たな問いを発見し、新しい自分を創造していくかが、問われる経験となることでしょう。「学問の営みは、新たな可能性を求めて、力いっぱい窓を開ける営み」と、仰った方がいます。皆さんもぜひ、本学で過ごす貴重な時間を有効に活用して、勇気をもって自分自身の既存の枠から出て、挑戦的に課題に取り組み、有意義な人生と社会を実現するためのポテンシャルを高めてください。本学での学びが、研究が、皆さんにとってそうしたかけがえのない知的体験となるよう、龍谷大学では現在、ハード・ソフト両面での教育・研究環境の水準の向上に積極的に取り組んでいます。

昨年の公職選挙法の改正により、選挙権年齢が一八歳へ引き下げられ、約二四〇万人が選挙権を有することとなります。政治への主権者としての参加は、希望ある未来を拓くためには欠かせない行為です。希望ある未来は遠くにあるのではなく、熟慮し、判断・決断する現在の行為が未来を決して行くことになります。憲法学者（立教大学教授）の渋谷秀樹さんは、「立憲主義は、個人の自由が人間社会において一番大切な価値であると考えます。個人の自由を守ることを目的に、政治の基本的なルールは作られなくてはならない。そのように作られたルールが憲法であり、政府は、それにのっとって政治を行わなければならない――これが立憲主義の根本にある考え方です」と述べています。

立憲主義の後退が危惧される状況のもと、皆さんが、大学での広くて、深い学びをとおして、現実に誠実に向き合い、問いをもって分析・思索して、課題解決の選択としての政治への参加は、希望ある未来を拓くものと確信しています。今年は、皆さんにとって、主権者としての一歩を踏み出す、大切な年となります。

学部に入学された皆さん、大学とは、与えられた問いに対する答え・正解を学ぶところではありません。もちろん、答え方の技能を身につけることは必要ですし、そのための知識を大量に蓄積することを、軽んじてはなりません。しかし、より本質的には、解決済みと思われていることから､新たな問いを掘り起こし、デザインしてみせる力、そして、それにクリエイティブに応答できる力と志とを育む点にこそ、大学での学びの醍醐味があります。

同時に、授業のみならず、サークルやボランティアなどの課外活動にも参加しながら、多様な体験と人間関係を通じて、主体性や協調性を醸成していくことも大切です。大学内に居場所をうまく見つけ、充実した学生生活を送ってください。

研究科に進学された皆さんは、さらに専門領域での厳しい学問の世界で研鑽することを、あ

るいは高度専門職への道を選ばれました。複雑性を帯びる現代にあって最も求められているのは、一方的に専門知識を授けたり、機械的に専門技術を運用するだけの、単なる「専門家」ではなく、合理的思考力と批判的実践力とを兼ね備えた、開放的な知、ハイブリッドな知の担い手としての「知識人」、高度職業人です。そのことを十分に理解して、視点を高く維持し、視界を広げながら、徹底した専門分野での研究・学修を深め、その成果を積極的に社会に発信し、世界に貢献してください。時代は、社会は皆さんを必要としています。

世界的に進展しているグローバリゼーションは、経済のみならず、政治・社会・文化や環境・エネルギーなどをめぐる地球規模の諸課題を浮かび上がらせ、私たちに国民国家の枠組みを超えた厳しい課題を突きつけています。その一方では、ローカルな固有の歴史・文化・言語への帰属意識、地域意識も高まりを見せています。この複雑化した世界を、単純でわかりやすい、二項対立的な言語・概念を用いた二つに分ける世界認識や、快・不快、善・悪といった性急な二者択一を迫る行為、画一的な国際標準化で問題解決を図ろうとすることは、必ずしも課題の解決を拓くものではありません。複雑なものを複雑なものとして、粘り強く思考し、認識する智慧、叡智が重要であります。さらに、国際的コミュニケーションの共通の道具としての英語力などの多言語の能力の習得も大切です。本学は、約五〇〇名の留学生を受け入れ、約五〇〇名が留学生として海外に出ています。海外への留学は、異文化体験においても国際交流においても意義があります。在学中に海外留学に出かけてください。

龍谷大学は、二〇一〇（平成二二）年度から始まった第五次長期計画のもと大学全体の質向上、教育・研究の質向上に向けて諸施策を実行して、さらなる飛躍を目指しています。自主的主体的な学びを積極的に支援する学びの創造と交流の空間として、昨年から「龍谷大学ラーニングコモンズ」を開設しています。本学に入学して、もっと勉強したいと、学ぶ意欲をもった学生が集い、研究心の旺盛な大学院生が切磋琢磨し、「龍谷大学で学び、研究してよかった」と言ってくださる「知性と活気に溢れる」大学でありたいと、私は考えています。むろん、大学の主役は、学生・院生の皆さんです。伝統ある龍谷大学の新しい歴史を切り拓くのは、入学・進学された皆さんです。皆さんの行いが龍谷大学の新しい歴史を決していくのです。新しい時代が始まるのではありません。皆さんとともに新しい時代を始め、伝統をつくりましょう。

皆さんが龍谷大学で実り豊かな学生生活、研究生活を送られることを、そして、キャンパス各所に「You, Unlimited」と見られるように、皆さんが自らの無限の可能性を開花させるべく全力で努力することを惜しまず、希望ある未来を切り拓くことのできる人間に成長されることを、心より念じ申しあげて、私の式辞と致します。

本日は、まことにおめでとうございます。

学生手帳巻頭言

二〇一一（平成二三）年度

智《ち》慧《え》眼《げん》

親鸞聖人が「それ真実の教を顕《あらわ》さば、すなはち『大無量寿経』これなり」（『教行信証「教文類」』『浄土真宗聖典』註釈版一三五頁』）「教文類」といわれた『仏説無量寿経』巻上に「重誓偈《じゅうせいげ》」がある。それは、法蔵菩薩の四十八願を成就した阿弥陀仏の私たちを救わずにはおれないとのはたらきへの讃歌で、「智慧眼」は、

かの智慧の眼《まなこ》を開きて、この昏盲《こんもう》の闇《あん》を滅し、もろもろの悪道《あくどう》を閉塞《へいそく》して、善趣《ぜんしゅ》の門を通達せん

との一節にある。

私たちの通常の思惟は、私を自明の存在として実体化しているために、欲望の限りない充足や分析知の集積などを指向し、さまざまな利害を他者や社会との関係性で複雑に交差させながら苦悩を深めている。それは二項対立の思惟や言説等で現代と人間

のありようを単純化し、批判性や創造性を内在しない知性のありようでもある。

龍谷大学の歩みの中で大切にしてきたのは、「智慧の眼」を「よってたつところ」とする人間の育成、教育、研究、社会貢献などである。私たちは、「智慧の眼」を「よってたつところ」とした豊かな人間性と知性を培って現代の多様性・複雑性に向き合い、対話力を有する龍谷大学人でありたいと思う。

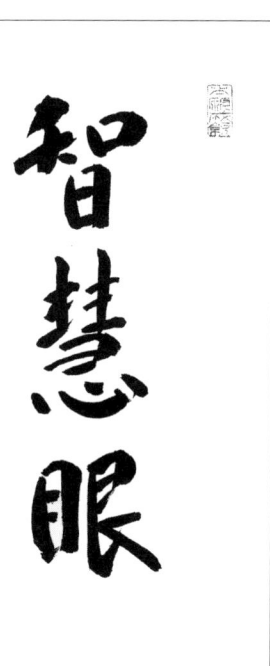

二〇一二（平成二四）年度

菩《ぼ》提《だい》心《しん》

菩提心は、梵語《ぼんご》、ボーディ・チッタ（bodhi-chitta）の漢訳で、無上正真道意・無上菩提心・無上道心なども漢訳されています。仏果にいたり、さとりの智慧を得ようとする心、この心をおこすことを発菩提心といいます。仏道の出発点とされます。親鸞聖人は、七六歳の時に著述された『浄土高僧和讃』の「天親讃」（『浄土真宗聖典』註釈版五八一頁）で、

願作仏《がんさぶつ》の心はこれ　度衆生《どしゅじょう》のこころなり
度衆生の心はこれ　利他真実《りたしんじつ》の信心《しんじん》なり
信心すなはち一心《いっしん》なり　一心すなはち金剛心《こんごうしん》
金剛心は菩提心　この心すなはち他力《たりき》なり

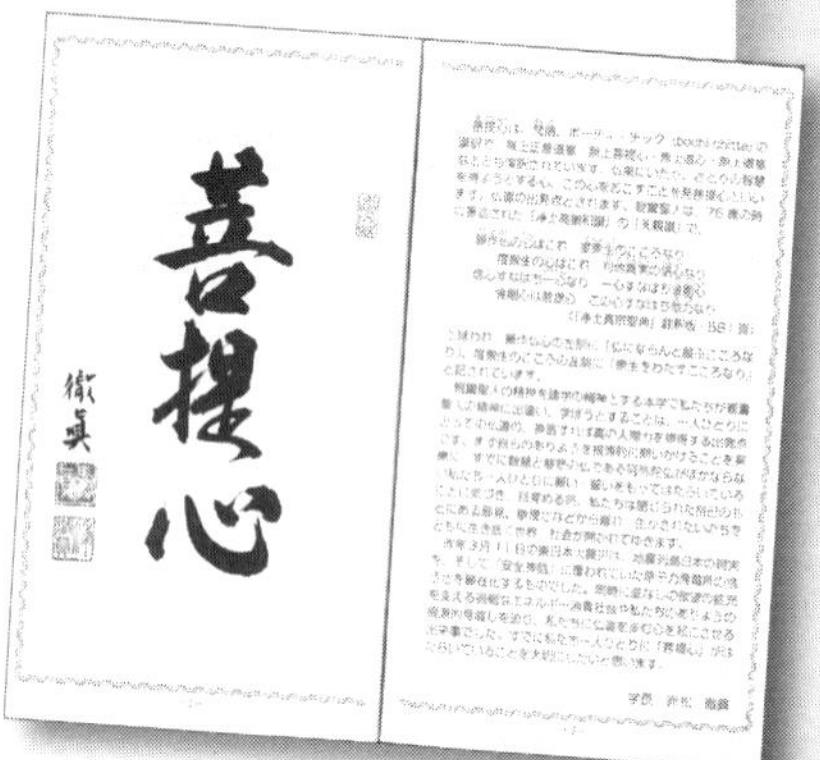

と詠われ、願作仏心の左訓に「仏《ほとけ》にならんと願ふこころなり」、度衆生のこころの左訓に「衆生をわたすこころなり」と記されています。

親鸞聖人の精神を建学の精神とする本学で私たちが親鸞聖人の精神に出逢い、学ぼうとすることは、一人ひとりにとっての仏道の、換言すれば真の人間力を修得する出発点です。まず自らのありようを根源的に問いかけることを契機に、すでに智慧と慈悲の仏である阿弥陀仏がほかならない私たち一人ひとりに願い・誓いをもってはたらいていることに気づき、目覚める時、私たちは閉じられた自己のもとにある邪見、傲慢さなどから離れ、生かされたいのちをともに生き抜く世界、社会が開かれてゆきます。

昨年三月一一日の東日本大震災は、地震列島日本の現実を、そして「安全神話」に覆われていた原子力発電所の危うさを顕在化するものでした。同時に底なしの欲望の拡大を支える過剰なエネルギー消費社会や私たちのありようの根源的見直しを迫り、私たちに仏道を歩む心を起こさせる出来事でした。すでに私たち一人ひとりに「菩提心」がはたらいていることを大切にしたいと思います。

二〇一三（平成二五）年度

正《しょう》定《じょう》聚《じゅ》

親鸞聖人は、『教行信証』「信文類」に「金剛の真心《しんしん》を獲得《ぎゃくとく》すれば、横《おう》に五趣《ごしゅ》八難《はちなん》の道を超え、かならず現生《げんしょう》に十種の益《やく》を獲《う》」（『浄土真宗聖典』註釈版二五一頁）、「十《とお》には正定聚に入《い》る益なり」と示しています。正定聚は、浄土に往生することが正しく定まった聚（なかま）を意味します。また、

仏智不思議を信ずれば　正定聚にこそ住しけれ
化生《けしょう》のひとは智慧すぐれ　無上覚をぞさとりける
（『正像末和讃』「三時讃」註釈版六〇八頁）

と詠まれ、「信心決定のひとは、疑なければ正定聚に住することにて候ふなり」（「御消息」一六通、註釈版七七一頁）とも記されています。

浄土真宗の利益は、広く語られるような目先の欲望を満たしていくための利益では

ありません。例えば、病気を治してほしいとか、「家内安全」「交通安全」などを神仏に祈願するような利益を説かないのです。阿弥陀仏がさまざまな悲しみや苦しみ、迷いを抱えている私にはたらいて、浄土に往生して必ずさとりを開く身になることに気づかしめて、生きる意味を新たに獲得せしめることに、正定聚の利益があります。私たちはいわば新たな主体的立場を獲て、柔軟にして勇猛に人生を切り拓いていく道が開かれます。

二〇一四（平成二六）年度

同《どう》朋《ぼう》

親鸞聖人は、『御消息』第三通で

　とも同朋にもねんごろにこころのおはしましあはばこそ

（『浄土真宗聖典』註釈版七四二頁）

と記して、ともに念仏の教えに生きる仲間のことを「同朋」と言い表しています。このことは、阿弥陀仏のはたらきに目覚め、信心をえた人びと、念仏者の平等性を意味しています。親鸞聖人のお弟子である唯円が著した『歎異抄』第五条には、「一切の有情はみなもつて世々生々の父母・兄弟なり」（註釈版八三四頁）といい、人びとの根源的水平性を普遍化して言い表されています。社会的身分階層に基づいた中世社会にあって親鸞聖人は、毎月道場に集まり、階層を超えてともに生きる人びとのサンガ・僧伽、いわば共同体を創出しました。

現代は、国境なきグローバル社会という乱世でもあります。地域社会の共同性が崩れ、多くの人びとの信頼性に裏付けされたネットワークが切断されています。

本学は、高等教育機関として連結性のあるインテリジェンス（知性）を有する学生を育成するとともに、学生・教職員・校友、そしてすべての人びとが「同朋」という共同性を社会的に創出する大学として、その価値を広く発信し、大学創造を推進したいと思います。

二〇一五（平成二七）年度

利《り》他《た》

龍谷大学の建学の精神は、浄土真宗の精神、親鸞聖人のみ教えです。親鸞聖人は、『高僧和讃』「天親讃」に、

願《がん》作《さ》仏《ぶつ》の心《しん》はこれ　度《ど》衆《しゅ》生《じょう》のこころなり
度衆生の心はこれ　利《り》他《た》真《しん》実《じつ》の信《しん》心《じん》なり

（『浄土真宗聖典』註釈版五八一頁）

と詠われています。「利他」とは、一切の生きとし生ける存在に利益《りやく》を施す阿弥陀仏のはたらきを言います。別の言葉では他力と表現します。

今日、人びとは、「私がある」ことを自明の前提として、対象思考による分析知を獲得、集積し、専ら合理性と論理性だけにたよって世界を理解することを志向しているようです。「私がある」ことを前提とする自我は、自らを善、賢い、可愛いとする自己中

心性を問えず、自惚れ、驕慢さを相対化できず、従って謙虚さ、優しさを内面化し得ず、人の痛みに思いを寄せることが困難です。かくて、苦悩を、「私」の壁を超えることも難しいでしょう。

混迷する社会で求められているのは、智慧と慈悲の阿弥陀仏のすべての存在を救おうとする「利他」のはたらきに目覚めることを機縁に、「私の闇」から離脱して、広く柔らかな視野を持った知性を獲得して社会に貢献すると共に、歓喜《かんぎ》と慚愧《ざんき》という豊かな人間性を培った人です。

龍谷大学は、「利他」のはたらきに目覚める多くの人を育成し、確かな知性と活気に溢れた大学創造に取り組んで参りたいと思います。

二〇一六（平成二八）年度

染《ぜん》香《こう》人《にん》

親鸞聖人は、『浄土和讃』一一六首に、

染香人のその身には　香気《こうけ》あるごとくなり
これをすなはちなづけてぞ　香光荘厳《こうこうしょうごん》とまうすなる

（『浄土真宗聖典』註釈版五五七頁）

と詠まれています。「染香人」について、異本では「かうばしき香《か》、身に染めるがごとしといふ」と、「香光荘厳」については、異本で「念仏は智慧なり」と左訓されています。阿弥陀仏の智慧に目ざめた人、念仏者は、智慧の香りと光によって飾られると。

今日、「人工知能（Artificial Intelligence）：AI」が広く知られ、活用されている。かつては産業用ロボットが中心であったが、新たな領域として人型ロボットの開発、活用によって、対話型ロボットともいうべき、人間もどきのアンドロイドの開発が進んでいる。さまざまな現場で活用され、例えば認知症になった高齢者施設などではコミュニケーション力の回復を図り、生きる力の維持などへのツールとなりはじめている。また、人間対人工知能の対戦が将棋などでも試みられている。人間を工学的に実現する技術の革新は今後も一層進展していくことになろう。

しかし、技術の革新は、生・老・病・死の思いのならない苦、貪欲・瞋恚・愚痴の煩悩をそなえている人間の苦悩を深く見つめ、迷いから悟りへ転回する道を開くものではない。人間とは何か、自己とは何かとの主体的な問いと求道を通して、阿弥陀仏の智慧と光に目ざめるとともに自己の罪悪性にも気づくところに、「香気」ある人間が誕生する。

本学は、「真実を求め、真実に生き、真実を顕かにする」ことのできる人間を育成することをかかげている。一人ひとりが阿弥陀仏の智慧と光に遇っていただきたく願う。

学長法話・メッセージ

◆二〇一一（平成二三）年一二月九日（金） 於：大宮キャンパス・本館

皆さんおはようございます。

一二月に入り、年内もあと二〇日ばかりを残すことになりました。今年は特に三月一一日の東日本大震災があり、その後も九月の台風等でずいぶん日本各地で大きな被害をもたらしました。世界的な政治社会の大きな変動という状況をふり返ってみましても、アラブ地域ではチュニジア、エジプト、リビアで長きにわたる専制政治が転換して、新たなさまざまな政治変革、政治変動が今も進行しています。シリアでは、今なお市民への過酷な圧殺、弾圧が続いています。さらに、夏頃からメディアなどで取り上げられているように、ギリシャやスペインでの財政危機が顕在化して、EUのいわゆる経済危機が深刻化しており、現在、ドイツの国債価格も下げて、日本経済への波及も懸念されています。日本社会の自然災害等々だけにとどまらずに、東京電力の福島原発事故にみられる放射能汚染は、いままで築いてきたものの価値観とか、ある想定された認識のしかたとか、私たちの普段の暮らしのあり方というものを含めて、パラダイムシフトの転換ということが大きな課題と指摘されています。

私たちの大学が掲げております「建学の精神」というものと、できるだけ近づけて考えていけば、一つは私たちの戦後の歩み、あるいは暮らしの歩みも「右肩上がりの時代」の中でこの五〇年間は歩んできたことだと思います。私たちの大学が深草にキャンパスを開き、経済学部を開設したのがちょうど五〇年前でありました。右肩上がりの「とば口」の頃であったと思います。その後、日本社会は七〇年代の初めにはGNP（国民総生産）からいえば世界第二位の経済大国にのしあがってきました。しかし、一九九〇年代の初めにバブルが崩壊して今年でほぼ二〇年近くなると思います。日本社会の右肩上がりという時代での躓きが、すでに二〇年前から指摘されてきたことでありますが、特に今年の東日本大震災を経験した今、文明的転換ともいえる、さらに踏み込んだ問題があろうかと思います。

右肩上がりというのはある種、人間がさまざまに抱える欲望を経済システムとして広告媒体などを介在し、誘導しながら大量生産、大量消費するサイクルを築き上げて消費社会

を形成してきました。部分的にはリサイクルという考え方も技術も広がりつつありますけれども、やはり欲望の底なしを充足していくという潮流は、この間続いてきました。したがって「経済成長」願望を相対化することが困難となっています。しかし、右肩下がりという時代がすでに明らかになっておりますし、大学にとっては少子化ということがひたひたと押し寄せていることであります。そういうことを含めて「建学の精神」ということを考えれば、私たちが普段何気なくこの龍谷大学というキャンパスの中で生活をして、そしてさまざまなところで宗教行事等にも足を運んで釈尊や親鸞聖人の教えを聞かせてもら

い、学ばせていただく機会があるのですが、ただそのことが自らの外にある知識のように受け取るならば、自分のあり方とか自分の生き方に関わることと受け取ることでは質が違うと思います。したがって建学の精神が親鸞聖人の精神だと語って、さまざまなパンフレット等々で記載しても、それは大学の経営側が言っているにすぎないのではないかと、このように受け取る向きがあるならば、建学の精神が生かされていないことになります。

親鸞聖人の精神、阿弥陀仏に帰依する精神の骨格の一つは、阿弥陀仏というはかることのできない光といのちのはたらきに私たちがうなずく、気づいていく。それは同時に私たちのありようを深く見直すことでもあります。親鸞聖人は「慚愧」という言葉で表現されています。あるいは私たち自身を「煩悩具足の凡夫」と認識することも、阿弥陀仏のはたらきの中で受け取る言葉と考えます。私たちも建学の精神に触れることによって、大きな構造としてある消費社会に関わりながらも、そうした動向を相対化し、時には順応せずに踏み止まるところに人間のあり方というものが開いていくことを志向したいと思います。

私は日本仏教史を専門分野としていますが、いろいろな分野の本を繙きます。山本義隆さんが八月にみすず書房から『福島の原発事故をめぐって』を発刊されました。山本さんは四〇年前、一九七〇（昭和四五）年当初の東大全共闘の議長をされた方で、その後、物理学の専門領域ですぐれた研究成果である大著を刊行されております。山本さんは、近代の科学史を踏まえながら三月一一日の震災のことに触れて、次のように述べておられます。

三月一一日の東日本震災と、東北地方の大津波、福島原発の大事故は、自然に対して人間が上位に立ったという、ガリレオやベーコンやデカルトの増長、そして科学技術は万能という一九世紀の幻想を打ち砕いた。今回、東北地方を襲った大津波に対して最も有効な対抗手段が、ともかく高所へ逃げろという先人の教えであったということは教訓的である。私たちは古来人類が有していた自然に対する恐れの感覚をもう一度取り戻すべきであろう。自然にはまず起こることのない、核分裂の連鎖反応を人為的に出現させ、自然界にはほとんど存在しなかったプルトニウムのような猛毒物質を人間の手で作り出すようなことは、本来人間のキャパシティを超えることであり、許されるべきではないことを思い知るべきであろう。

ここには、近代の科学技術に対する根本的な認識のしかた、つまり、人間が言うならば自然に対して上位に立ったという思いあがりと、科学技術の進展ということ、さらにまた、自然界に存在しなかったプルトニウムのような猛毒物質を人間自身が作り出してしまっているということが指摘されています。

非常に重要な私たちが深く考えるべき内容を指摘されているのではないかと思います。それを私たちが科学技術の中でより詳細に緻密に分析し、それを技術化していますが、一方で、仏教というものを、人間を、いのちを深く考えていけば、一転して人智を超えた不可思議なはたらき、思議を超えたはたらきというものに対する覚醒、目覚め、気づきというのが仏教の智慧であり、それに私たちが目覚めていく、気づいていく世界であります。したがって、私たちも建学の精神というものに触れていくならば、自己にとらわれ、自己を中心とした人間関係、価値観などを当然視しがちでありますが、そのことを根底から問いかけて、転じていく自らのあり方の中で仕事をする、あるいは人間や社会関係を形成していくところに大きな意味なり意義があると考えます。

年がだんだん押し迫っておりますけれども、今年の大きな出来事、世界各地で専制的な政治が次々と打ち破られていく現象も、その人たちにおける専制的な政治の思いあがり、傲慢さというのが民衆の多くの人たちの期待に、要求に、願いに応じていない政治の必然的な現象として変動が起こっているのです。さらに言うならば経済的なシステムの大きな危機というものについても同様のこととして見直すことが大切なことだと思います。

私たちにとって政治社会というものの変動が、私たちの建学の精神とは全く無関係ではなくて、建学の精神を学びながら私たちの見方、考え方、生き方というものを培っていこうというのが長い歴史の伝統であり、私たちの三七二年という年月を辿ってきた歴史の中で、多くの方々がその一端を学びながら、時代を過ごしてこられたのではないかと重ね合わせて考えることでもございます。

私は奈良の山間地に住んでいるのですが、その郷里の宇陀市大宇陀の万葉の丘というところに柿本人麻呂の歌碑が建っていますが、『万葉集』に柿本人麻呂のよく知られた歌がおさめられています。

東の 野に炎の 立つ見えて かえり見すれば 月傾きぬ

『万葉集』の四八巻目のところにおさめられている歌です。毎年一二月一一日に「かぎろひを観る会」という会がすいぶん長く行われています。非常に冬の寒い時期に、朝方、好天であれば東の方から日が立ち昇るところで、山際のところが非常に色鮮やかに景色を見せながら日が昇っていく。一方で、ふり返って西の方を見れば月が落ちていくというような対照的な自然現象を詠っています。旧暦では一一月一七日がその日なのですが、今年は一二月一一日の日曜日がその日にあたります。天候が恵まれるのは一〇年に一回といわれていますので、ほとんどその日に行ってもその現象を見ることが難しいのです。見ようと思えばその前後の天候の良い、冷え込んだ朝四時三〇分頃に行って、じっと待ち続けると自然現象が生みだす鮮やかな彩りを見ることができます。私の家から東の彼方の山並みを見れば、その景色を見ることができますので、立ち寄っていただければと思います。自然と人間のあり方の一端を考えるヒントも体験することもできます。

今日は仕事前、授業の前にお参りいただけたことをお礼申しあげます。

ようこそお参りくださいました。

◆二〇一二（平成二四）年一〇月一一日（木）　於：深草キャンパス・顕真館

おはようございます。

後期の授業も始まり一〇月、仲秋の良い季候を迎えました。講義の前、仕事前に皆さんようこそお参りいただきました。

今日お話しをしようと思っていますのは、本学の建学の精神は浄土真宗の精神、親鸞聖人の精神と環境に関わる側面についてのことです。

私たちは今の時代のテーマとの関連で考えていかなければならないのですが、その出発点は皆さんがご存知のとおり、古代の末から中世に入る転換期に親鸞聖人は、浄土真宗というみ教えを開かれました。古代から中世への転換期でありましたので、政治支配における政権は、公家勢力が影響力をもちながらも武士層が本格的に台頭してきました。仏教勢力につきましても奈良期から平安期にかけて展開した南都の諸宗、天台宗、真言宗が時代のうねりに対応し、自らの存立として王法仏法相依論を全面的に展開しながら仏教の再興の道を開き、同時に荘園制という新たな土地開墾を進めて社会を形成するという転換期であったわけです。朝廷にしても、武家勢力にしても、寺院としても積極的に荘園を経営する方向をとりました。当時仏教界では、戒律復興論を展開して仏教界の再興を模索していたわけですが、仏教には基本的な五戒というものがあります。その五戒の中で最初に不殺生戒（生き物を殺さない）というものがあげられます。当時の仏教界は不殺生戒というものを高く掲げながら一方では荘園の領主としての経営をしていく。荘園を経営していくために土地を開墾したり、山の木の伐採をしたり、さまざまな開拓・開発事業を行っておりました。その際に不殺生戒というものを一方で掲げて殺生をすることについての「悪行」というものを指摘しながら、また「悪人」は地獄に堕ちるという論理を掲げながらです。一方ではその人たちに善行をすべきこと、善きことをしてこそ成仏の道が開かれていく。成仏できる善行、善根をしなさいという、このセットでつながれていたのが当時の仏教界の支配的な考え方であり、当時の幕府も、朝廷関係もそういう考え方でいましたので、寺院にはさまざまな寄付行為、保護行為をいたします。

当時よく言われたのは（現代社会でも時々）仏教思想と環境に関わった考え方として、〝山川草木悉皆成仏〟〝山川草木悉有仏性〟、山とか川とかすべてのものが仏になっていける、あるいは仏性を有しているのだという考え方が〝天台本覚〟で論じられていたわけです。この天台本覚は、荘園領主の殺生禁断イデオロギーを裏付けるものでありました。

しかし親鸞聖人らの専修念仏の集団は幕府、朝廷からそして当時の仏教界から厳しい弾圧を受け、法然上人の門弟は流罪の身となるのですが、親鸞聖人は浄土真宗のみ教えを開かれました。戒律というもの、不殺生戒という戒は、親鸞聖人にとって、そして専修念仏に帰依した人々が通常の生活をし、生業をしていくうえで、戒を破らざるを得ないという内実を伴って展開をしている。荘園内での田畑、山などの開墾をするにしても、その地中の生き物として虫がおり、樹木があり、河川での魚がおり、さらに山での炭焼きなどもあり、それらにすべてにわたって不殺生という戒の網が掛けられている。それらを悪行として不殺生戒を破る者、堕地獄に行く者とされていく。一方で善行、善根功徳が勧められる。にもかかわらず多くの人たちが山林、土地を開発・開墾して生業をしながら生活をする。そうすると、そこで大事なことは、私たちは、殺生禁断のイデオロギーに絡め取られ、善根功徳を修める善人、賢人として仏教界が主張した仏教思想ではなく、悪というもの、あるいは罪というものとの関わりの中で私たちの生業あるいは生活というものが成立しており、そのような私たちを阿弥陀仏の本願のはたらきによって浄土に生まれることができる。このような教えが浄土真宗の教えであるわけです。それゆえにいわゆる顕密仏教から専修念仏は厳しい批判にさらされ、長きにわたって弾圧、抑圧を受けることになります。

そのことを私たちは日本の仏教思想を学んでいくうえにおいても、大切にしなければなりません。当時、中世の仏教思想を学ぶ中で、なぜ浄土真宗という親鸞聖人が開いた教えでなければ往生浄土の道は開かれないのかを深く学ぶことが大切です。私たちが日常の生活を行い、何らかの生業をしながら家庭生活、社会生活を営み、あるいは学生諸君も何らかの生活をしていくうえにおいて、私たちは自己中心的に自らの利益を追求し、自らの願望を満たすということと避けがたく存在していますが、浄土真宗の精神は、そのような私に「真実を求め、真実に生き、真実を顕す」人間となるようにはたらいています。そこで気づかされる私たちのありようは罪と悪というものと不可分に歩んでいるということを深く見つめることが大切です。いわゆる賢人・善人のイデオロギーから解放されることでもあります。

大学の大きな使命は教育、研究でありますが、とりわけ本学の歴史というのは人を育成していく、浄土真宗の精神・教えというものを十分に学び取っていただくような人を育てていきたいというのが開学一六三九（寛永一六）年以来の長い伝統だと思います。その考え方は日本という領域内だけに閉じたものではなく、日本の国内外にも開かれた人としての成長、普遍的な人間社会を切り拓いていこうというのが本学の使命だと私は考えております。

ちなみに本願寺境内に学寮として開学した一六三九年は、幕府が寛永の鎖国令を出した年です。幕府は政治的に、体制的には鎖国という閉じた体制を築きましたけれども、学寮では仏教という普遍的な教えが、思想が講じられ始めたわけです。そこで学ぶ教え、思想は、インドから中央アジア、中国、朝鮮半島、そして日本に至る歴史文化、人物、言語などを学ぶことにもなります。学寮は僧侶を養成する機関ですが、その人たちも日本国内だけの知識をもっているわけではなく、今でいうグローバルな、あるいは国際的な知識文化、歴史を学び、そして地方に行って、地方の多くの人たちに仏教、浄土真宗の教えのみならず幅広い教養を教授する役割を担っていました。各地方でそのような僧侶に教授された人たちは、私という殻、枠の閉鎖性に埋没するのではなく、普遍的な人間のあり方を模索して開かれた生き方を生み出し、豊かな仏教文化を地域に定着したのです。

浄土真宗のみ教えを受けた人々は、非難されることとして、「門徒もの知らず」とか「物忌み」をしないなどと言われました。それは加持祈祷、祈願祈祷をしないという姿勢、生活態度への非難でありました。ちなみにスポーツの勝負事があっても「必勝祈願」というようなあり方、生活態度としてもたないというのが浄土真宗に関わって継承し、定着してきた日本の中での一つの伝統、文化の形成でありました。そのような非呪術的な文化的伝統の形成拠点が、龍谷大学が歩んできた歴史の一側面といって良いと思います。

私たちも現代社会を凝視した場合に、仏教思想を一元的に語ることも多いかもしれません。しかし、私たちの大学が長年培ってきた仏教精神、浄土真宗の精神ということをいった場合に、どういうあり方が開かれていくのか、どういう考え方で現代社会と向き合っていかなければならないのかということをよく考え抜いていかないといけないのではないかと思います。私たちは建学の精神、浄土真宗のみ教えに学び、それを自らの生き方の拠り所、立脚地として生きようとする人を育てていくというのが大きな使命だと思います。

学生諸君も職場の皆さんも、さまざまな悩みを抱え、ある時には錯綜する利害の対立の中で争いが生じたり、広く社会の諸関係性に規定された困難さがあるにしても、本学が依るべき浄土真宗の精神に学びながら、本質に立って物事を考え、そしてそのことを社会的に発信していく、取り組んでいくということが求められていると思います。

今日皆さんとともにお念仏を申しました一九八四（昭和五九）年に建てられたこの顕真館、いつも申しあげていますとおり、正面には親鸞聖人が八四歳の時にしたためられた「南無阿弥陀仏」という名号が刻まれております。

この名号は我々から見れば向こう側に刻まれた名号ですけれども、本質的にはその名号は私たちがいる場ですでに私を〝必ず摂め取って捨てない〟と、浄土に生まれせしめたい、あるいは一人ひとりが何よりもかけがえのない、無量のいのちを恵まれたものとしての存在であるということに深く目覚めてほしい、気づいてほしいというはたらきをしてくださっている。この正面に刻まれている「南無阿弥陀仏」の名号の意味、そしてはたらきを共々に感じさせていただきながら、今日の法話とさせていただきます。

◇二〇一三（平成二五）年四月二四日（水）　於：深草キャンパス・顕真館

おはようございます。新学期が始まりまして三週目となっております。新入生と思われる学生諸君がキャンパスを歩いている姿を拝見し、まさに新学期が始まったなと感じております。

皆さん方もご承知のように本学は三七四年前の一六三九（寛永一六）年に西本願寺の境内の中に設けられた「学寮」から起こっておりますので、当時は江戸時代の初めですので、幕府は教科書的に言うならば武断政治から文治政治への政策転換を背景にして、幕府の教学として儒学・朱子学を奨励していきます。仏教教団もそれぞれ宗派ごとに独自の教学を振興する機関を設置します。西本願寺は、浄土真宗の教えを学び、教えを伝道する僧侶の育成機関として学寮を発足しました。学寮は仏教の経典や経典の解釈、勤行・作法などを中心に学ぶのですが、仏教の学びというものは幕府の国内だけの領域にとどまる学識ではなくて、インドから中央アジアそして中国・朝鮮半島、日本と伝わっていく、いわゆる三国に渡って伝わってきた仏教の歴史、そして経典の言語・漢語を解釈するという素養、知識、さらに作法・振る舞い・行儀などを育成していくことでありました。学寮で学んだ僧侶たちは、今でいう幅広い教養、あるいは国際的な教養、歴史・地理・知識というものを習得し、さらに幅広い文化を身につけて多くの人々への伝道に取り組んでいたと言って良いのだと思います。

本学は、江戸時代以降の政治・経済の大きな体制・しくみの転換を幾度も重ねながら、なお時代を超えて現代に展開しているところにおいては、時代を超えた人間の普遍的なあり方を根本的に問い求め続けてきました。いわば真実を求め続けてきました。人間のあり方としては、私たちは通常は自己を中心としたありよう、近代的な言い方をするならば、私のエゴイズムというものから離れがたいものですから、自己中心性とかエゴイズムというものを凝視して、「私と他者」というものの関係をどのように開いていくのか、人間がこの世に生まれてきた人間としてふさわしいあり方とは何かということの問いをもって、主体的に教育・研究を伝統化してきたことに誇りをもっていいのだろうと思います。

この仏教の学びとか親鸞聖人の開かれた浄土真宗の学びは、私たちにとって知識レベルはともあれ難しいところがあります。なぜ難しいのかというと、基本的には私を根源的に問いかける、私の姿・ありようをそのままを明らかにするというのは難しいものでありま す。一方で、たやすいのは、私のさまざまな願望・欲望をそのまま単純に肯定して、満たしていくようなありようの方がたやすいのかもしれません。

しかし、仏教とか親鸞聖人が開かれた浄土真宗の難しさというのは、私たち自身が私自身を問いかけるということが、いかに難しいのかということであるのと同時に、私の姿をそのまま明らかにしていくことも難しいことであります。その難しさを人間社会として開いていくことが人類的に歴史を超えた課題であるというように考えていけば、私たちの大学の使命・役割が鮮明になります。本学としては豊かな人間性を育み、社会の中に豊かな人間性を有する多くの人たちを輩出して、人間社会としてはどういう社会が望ましい社会なのかということを求め、実践し、形成していくことが私たち龍谷大学の存立の意義だと思います。

先週の一五日、月曜日にミャンマー（旧ビルマ）からアウン・サン・スー・チーさんが本学に来られました。講演していただいたのはわずかな時間でしたが、講演では、社会変革のプロセスにおける仏教の役割、あるいは仏教の価値というものを明確に語られました（詳しくは四月一六日の毎日新聞に掲載されています）。冒頭に「私は良い仏教徒でありたいと思っているが、仏教の専門家ではない。今日は仏教の教えに沿って生活をしている一仏教徒としてお話をしたい」と語られました。仏教の専門家ではないけれども一仏教徒として、仏教の教えに沿って生活をしているという、このことが、私たちにも大切なことだと思います。同時に仏教の教えというものが決して現代的なミャンマーにおける民主化というものと決して相反するものではなくて、私たち一人ひとりに価値をおいているもの、それは人権という価値でもありますし、そういうところにも仏教が果たす大きな社会変革上の役割というものがあるんだということを主として仰っておられたと思います。私たちも仏教というものを知識レベルで、自分たちとは遠いものだというふうに考えてしまうのではなく、お釈迦さまの教えが、たとえ二五〇〇年前に生まれたとしても、現代

アウン・サン・スー・チーさん講演会と名誉博士号授与（2013年4月15日）

社会を生きる私たちにとって私自身のあり方を開いていくうえには、拠り所となるものであることを受けとめ直してみるということが大切ではなかろうかと思います。

浄土真宗を開かれた親鸞聖人に、御本典（正式な書名は『顕浄土真実教行証文類』通称：「教行信証」）という体系立てて著されたものがあります。その「行文類」にある通称「正信偈」という一節の中にこういう文章があります。「弥陀仏の本願念仏は邪見驕慢の悪衆生、信楽受持することは甚だもって難し　難の中の難これに過ぎたるはなし」。これは阿弥陀仏の本願念仏というのは邪見驕慢、つまり私が偉い賢い立派だとうぬぼれている者にとっては阿弥陀仏の念仏を受け入れていくということはなかなか難しい、これに過ぎたる難しさはないのだと、このように語られています。それは仏教の教えにしても私が立派な者だ偉い者だと、これ以上すばらしい私はないのだという姿勢では学ぶこともできないし、本学でも合掌し礼拝するという行為も困難なことだと思います。ことに知識の集積地ともいえる大学に身をおいて、自己を単純に肯定するならば自らを偉い賢いと思い込みがちでありかます。しかし、阿弥陀仏から私たちのありようを根本的に知らされ、私のありように気づかされるならばおのずから頭が下がり、多くの人たちのとの関係が開かれ、他者の受け入れ、他者との対話が開かれる。そうした態度が育成されていくというのが、本学の建学の精神に醸成される人間のあり方であろうと思います。

学生の皆さんも学年差、先輩後輩のつながりがあったとしても同じ競技の中で、あるいは同じ学友の中で共々違いをもちながらも、尊いいのちをいただいた者として対話を開く、自分の心を開いて相互の関係を開いていく。自らのうぬぼれ、驕慢が砕かれ、他人からの厳しい意見であったとしても、いったんは受けとめ、聞き入れていくという態度が大切であります。

現代社会では厳しい、困難なことがあります。何が困難なことかと言えば、私がここにいるのだと実体化し、自分のエゴイズムを問うことなく、自己を中心とした思いをそのまま計画どおりに遂行していくことの方がすばらしいものだと、このような方向にのみ考えがちな私たちがこの現代社会を生きています。それを当然視、自明視しています。しかし、本学での建学の精神の学びから、阿弥陀仏のはたらきが私のところにはたらいているのだと、すでにはたらいているのだということに気づき、あるいは思い立ってみるということです。あるいは私のいのちだと私という思いでいのちを囲い込んでみるのではなくて、言葉としては〝いただいたいのち〟〝恵まれたいのち〟がすでにこの身にはたらいていただいているものだと、こういう受け身的表現で考えてみて、そう思い立ってみることが大切であります。私たちが現実にいかようの困難なことがあろうともいかようの躓きがあろうとも、いのちを生かして人生を切り拓いていかなければいけない。一見暗闇に見えようとも、そのような思い込みに覆われたとしても、阿弥陀仏の光というものを仰ぎながら光の指し示す方向に向かって最大限の努力というものを傾注していくところに私たちの人生も拓かれていくものだということを、誇りをもって歩んでいけるというところが、私たちが本学で育てられる道ではないだろうかと思います。

先日、書店で手にした『教養の力 東大駒場で学ぶこと』斎藤兆史著（集英社）という本で、斎藤先生は大学の教養というのは非常に重要だということを三点指摘しています。一つは教養としての古典的なテキストというものをしっかりと学ぶことである。二つにはバランスのある人間感覚を身につけなければならない。三つには、教養というのは人格というものが重要なことである。斎藤先生の指摘の中で、私は三つ目に指摘されている人格というものを育成するに際して、何によって人格が形成されていくのかという根幹がやはり大切ではないかと思います。本学で言うならば人格は浄土真宗の精神あるいは浄土真宗のみ教えをとおしてこそ人格というものが形成されていくものだと思います。人格を形成する場として本学の教育があると考えて良いと思います。

今朝は、多くの皆さんが学長法話ということでお参りいただきましたけれども、通常の講義時間よりも少し早めに起きてみてこの顕真館にお参りをしようと思い立っていくところから、人格を形成する場としての顕真館が大きな役割を果たすのだろうと思います。

皆さんとともに「讃仏偈」というお勤めをさせていただきながら、私たちは普段なかなかお経を読むことが少ないかもしれませんが、そういう読むことを重ねることをとおしてお釈迦さまの教えが何であり、この私がどういうありようを開いていくことが望まれているのかも自覚して、根本的には私というものの人間の骨格としてある人格というものが教えをとおしてこそ育成されていくのだと、このように考えてみたらどうだろうかと思います。

人間社会は、人格をとおして社会的信頼という環境が形成されるはずです。さまざまな能力や考え、意見、利害の違い・対立があったとしても人間社会において求められているのは信頼感が醸成される社会でなければいかなる組織も適切に機能するはずがありません。不信な社会、不信な組織においては生きにくい社会、組織であることは言うまでもないことです。お互いに人格というものを形成することで、信頼関係が龍谷大学の中で幅広く生まれてくると、龍谷大学というのは学びやすい、働きやすい職場となっていくのだと思います。

建学の精神の学び方は多々あろうかと思いますが、顕真館にたびたび足を運んで自ら進んでお参りをさせていただくことが大切だと思います。私は長くこの職場に身を置かせていただいていますが、建学の精神、浄土真宗の教えに心を寄せた多くの人たちとの出会いがありました。私たちは、人間の根本的な生き方、ありようをめぐって新たな出会いをさせていただくのが龍谷大学という場であろうかと思います。

今年度最初の学長法話ですが、機会あるごとに顕真館にお参りいただくことをお願いを申しあげて、今日の学長法話とさせていただきます。

◇二〇一四（平成二六）年一一月七日（金）於：大宮キャンパス・本館

おはようございます。ようこそお参りいただきました。

一一月に入りまして、今日は天候にも恵まれて、大宮キャンパスに古くからある公孫樹の木が、徐々に黄色が鮮やかになっています。時に風があると、構内に公孫樹の葉が散らばります。それも早朝のうちは見られるのですけれども、講義前から早々に箒で落ち葉を掃き集めてくださり、きれいにしてくださいますので、昼前には公孫樹の葉をゆっくりと見ながら過ごすということも少なくなっているようなことがあろうかと思います。

社会がいろいろと変動しつつある中で、私たちは大学におります。その社会の変動をいろいろな方々が、たとえば歴史的にも、また、さまざまな形で「今の世の中は、地殻変動の真っ只中だ」と指摘されることもあります。新聞を見ますと、日本銀行の金融緩和で株価もずいぶん高くなっていると言われます。社会はさまざまに変化し、この二〇年あるいは三〇年の間に日本の社会も大きく移り変わっております。

大学も、さまざまに抱える課題について、その対応を迫られているところがあります。その一つは、大学で学んでいる事柄が、広い意味での社会から期待されていることに応えているか、ということです。大学が取り組んでいることについて、どのような対話を重ねて、社会の期待に応えているか——。それが大きな問題としてあります。そういう意味では、大学に在籍している学生自身が四年間の学びをとおして自ら成長しながら、社会人として貢献していくか——。

かつて大学への進学者も少ない時代には、大学を出れば「インテリゲンチャ（知識階層）」と言われました。そもそも「インテリジェンス」の意味は、「分析する知性」をもつということです。今の社会でもそれは、一般的には一つの素養としての、「物事を分析する能力」あるいは「物事を論理的に表現する力」であり、それをもって多くの人々と対話をしたり、議論をしたりする力を身につけていく、そういうことだと思います。

その際に、時代の大きな反省も同時にあります。それは、物事を対象として見て、そのことについての詳細な分析をすることは確かに近代的な、あるいは科学的な知性だと言われるし、そのように理解してよいわけですけれども、やはり分析を中心とする論理的合理的な知性の高度性、専門性を身につければそれでいいのかというと、必ずしもそうではない。そのことによって、見逃していってしまっているもの、陥穽がある。このように言ってもいい本質、根源的なものがあります。

「詳細な分析」といっても、いろいろな分野があります。私は先日、三時間ほどの人間ドックに入りました。大学で行われる年一回の健康診断があります。その時に血液検査から示される数値があります。最近は、かつてのような血液検査ではなくて、いろいろな項目について、かなり詳細な数値が出てきます。人間ドックに入りますと、大学で検査する血液検査の項目以上に、より詳細な項目があげられて、それが数値として示されます。平均的な数値からいうと、多い、少ない、という中で、基準値の枠の中に入れば、ひとまず良好であるという判断が下されるわけです。数値として表わされる分析は確かに進んできています。人間ドックの決まった項目以上に、オプション項目の検査を求めれば、さらに高度な分析機器を使った血液検査が受けられます。血液中の癌の要素になり得るものを抽出できるような検査項目もあります。

数値で表されるということは、そのような医療の分野だけでなく、さまざまな分野で行われています。先日も野球の日本シリーズがありました。それぞれのチームが相手チームを数値で分析しています。ピッチャーとキャッチャーはサインの交換で、投げるたびに球種を決めますが、パターン化できるならばそのパターン、傾向を抽出していく――。そういった分析の仕方があるわけです。他のスポーツでも、試合に臨む時には相手チームを分析する。誰がメインの選手なのか、誰にボールが集まるのかという、そういった分析をして、対応の仕方を考えるのだろうと思います。大学での諸分野にも数値化が進行しています。

ところが、大切なことは必ずしもそれだけではありません。それと合わせて、私たちの建学の精神にあるような、数値の世界とは違った側面――そういう根源的なものがあるだろうと考えるわけです。

それは本学の建学の精神でもありますし、多くの日本の哲学者といわれるような人たちが、ヨーロッパの近代科学あるいは哲学を学びながらも、日本の哲学あるいは東洋の思想、あるいは仏教の思想の中から見いだしたものであり、それが言葉として表現されているものがあります。たとえば、金子大栄とか鈴木大拙、あるいは西田幾多郎という人たちも深く、人間の根源的なものを考えています。西田のキーワードに「絶対矛盾の自己同一」という言葉があります。

たとえば、鈴木大拙は、「東洋的一」という言葉をキーワードにしました。一つの多元的なことがあるけれども、その中の基本としての根本は「一」であるという原理をもって顕れているものが、多元的なものとしてある――こういう表現の仕方をしています。あるいは、柳宗悦という民藝運動の中心人物でもあった人は、「東洋的不二」という言葉をつかって、根源的なはたらき、根源的な世界を表現しました。あるいはそれを「無」の世界といい、「絶対無」という言葉をつかったりしました。言葉は若干違うのですけれども、言わんとするところは同じです。

その言わんとするところは何かというと、仏教的表現をすると、〈私〉あるいは自我というものに実体を置かない、という見方、考え方に達する。〈私〉と〈他者〉、いま二項対立的に向かい合う関係でものごとを見てしまうのですけれども、徹底して〈私〉というものを問いかけて、考え抜いていけば、そこには〈私〉とひとまずは言っているけれども、その〈私〉は〈私〉というものによって成立して、はたらいているものではない。それでは、それは何なのかと言えば、その「何なのか」という部分をどう表現するかと言えば、それは表現する人によって異なるわけですけれども、仏教の伝統的な言葉でいえば、我にあらざるはたらきという意味で、「無我」あるいは「非我」という言葉をつかいます。あるいは、浄土教であれば、それは（仏の）「不可思議なはたらき」――思議を超えたはたらき、そういう言葉で表現しています。

要するに、〈私〉というものを実体化してみたり、その実体化することによって、〈私〉のエゴイズム、あるいは〈私〉と〈私〉自身の驕りやうぬぼれを醸成してしまうものがある。だから、無我とか非我というはたらきによって初めて〈私〉が成り立っていると受けとめることによって、より謙虚に、より柔軟に、あるいは自分のありのままの姿、本当のあり方を見て自分自身の罪深さを自覚してみる――。

そういうふうにどこかで、向こう側にいる、向こう側の対照としてあるものから知らされている。徹底的に自己を問うことによって、そういうはたらきの中に〈私〉がある、と考えます。

同時にまた生死といった事柄も、科学的に、ミクロ的に細胞レベルで考えれば、私たちのこの体は日々、生活をしながらも、その中で、死んでいく細胞もあるし、新たにつくられていく細胞もある。そういう意味では、生と死ということは私たちの日常の中にも確実にあるわけです。ところがやはり、私たち自身の日常の中で、死んでいく細胞があるなんてことが意識として浮上することは、なかなか難しい。

ミクロとしては生死――生と死の間を、できるだけ隙間を近づけて考えてみる。そういうふうに考えていくと、いのちに恵まれていることと、いのちを終えることとの間には〈私〉自身のことも考えれば、それは本当に一瞬、一瞬でしかないわけですから、「死」は決して遠いものでもない。遠いものでないことを、どこか頭の片隅において生活すると、いのち恵まれていることのありがたさ、尊さ、あるいは家族であっても友人であっても、今日出会っていることがすばらしい出会いではないだろうか、そのように受けとめることが、縁としては生まれてくるのではないか――。

それをいつでも、「死」がない状態が恒常的に変わらないものとして、あり続けるのではないかと思ってしまうと、思ってしまう側の方に、大きな驕り、うぬぼれがあったりして、「生」はいつでもあり続けるもの、どこまでも続くものだという思い込みに胡坐をかいて生活をしてしまう。いのちの儚さとか、虚しさも感じないままに歩んでしまう――。このことは、自らの体験をより深く尋ねることによってしか、意識することはできないのではないだろうかと思ったりもいたします。

そのことを西田幾多郎はどう言ったか――。「西田哲学」といわれます。私たちは「私がいろいろなことを経験する」と言うのですが、西田哲学の中で言われる一つのフレーズとしては「経験のなかから私が造られていく」という道筋でものごとを考えてみようということです。私が何をしていくというよりも、経験する中で私というものが形成されていく――このような発想です。

それは、かつて仏像を彫る仏師が、西洋的に考えれば、木彫にしても石にしても、私がデザインをして、デザインに沿って素材を削って、そうしてデザインしたものを形あるものとして作りあげていく――。こういう発想でデザインを繰り返しながら、自分が作りあげようとするものを刻んでいく。素材が木であっても石であっても、それをデザインし、刻んでいくのは私――こういう発想があるわけです。

けれども、日本の仏師が木を素材にして仏像を彫る際には、その人たちの表現としては、

「木の中から仏像が顕れてくる」と言います。自分は確かに木を彫って、仏像を作ろうとする。ところが仏像を彫りながら、木の中から仏像が顕れてくる――。このような発想はある意味、きわめて東洋的な発想だと思います。それは、必ずしもすべてが計画どおりに、計算どおりにいくものとして顕れてくるものではない――。そういう事柄として表現されるのではないかと思ったりもします。

私たちは、こういった時代に、ほとんどよく似た思考パターンで、計画どおりに、予定どおりに、ということを最優先しながら、物事を判断したり、決定したり、受けとめたりすることが多い。そういうことが常識化しているかもわかりません。しかしもう少し、物事の本質、根源を掘り起こして考えたい。とりわけ仏教的な思惟、仏教的な考え方とはどういう考え方なのか、あるいは本学が建学の精神とする浄土真宗のみ教えからいうと、どういういのちの受けとめ方をしていくことが、最も教えに忠実なのか――。

同時に、自分たちの人生をこれから歩んでいくことについては、自らを問うことなくして、横に置いておいて、人生を問うことなどあり得ないわけです。先ほど言いましたように、阿弥陀仏のはたらきという事柄も、自分が誰かに代わってそのはたらきを感じ取ることはできないわけです。自分自身に問いかけて、自分というものの中身、内容として、問いかけてみた場合に、私自身のいろいろな事柄は、さまざまな個別的な経験をしながら、この間、今の〈私〉をつくりあげてきました。

そのつくりあげてきたものの中にある一番の根本は、自分の操作あるいは意思でいのちを動かしているものではない、ということです。その事柄が重要であり、そのいのちは、無量のいのち、はかることのできないいのちだと、受けとめることだと思うのです。それを数量として、有量なものとしていのちを数値化していくと、やはりそこに虚しさとか、悲しさも同時に生ずるところでもあるわけです。

そうしたことを私たちはよくよく考えながら、大学生活を送り、日常生活を送らせていただこうと、このような思いをさせていただくところでもございます。

今日、皆さんと共にお参りさせていただきました。私は普段、忙しい生活をしています。今朝は四時半頃に起きてラジオを聴いていたのですが、最近の経済関係の人たちのよく使われる言葉が紹介されていました――。

「今だけ、金だけ、自分だけ」。これが、今の経済アナリストの一般の、特に先端をいっている人たちの合言葉だそうです。しかし「今だけ、金だけ、自分だけ」と言って、経済を操作し、活動している人たちが、はたして幸せな社会、望ましい社会をつくりあげる働きをしているだろうかというと、そんなことはない。「今だけ、金だけ、自分だけ」というあり方で、はたして人間社会が豊かな社会、望ましい社会になっていくのだろうか、と思ったりもします。そういうことがまかり通っていく面も、今の社会にはありますので、私たちは、そうではない道をしっかりと歩まなければいけないと思います。

◆二〇一五（平成二七）年六月二六日（金）　於：瀬田キャンパス・樹心館

おはようございます。暑い中、足下の悪い中でありますが、少し早くにご出勤いただいて、皆さんとお参りをさせていただきました。

大学のほうも、六月の末の週に入って、前期の講義日程も残り少なくなっています。私は今週の月曜日に東京で私立大学退職金財団の理事会・評議員会に出席して、また翌日も同じく東京で私立大学連盟の総会があって、出張が月曜、火曜と続きました。学内では、水曜日に学長会という会議があり、昨日も部局長会をはじめとした会議があり、また三時一五分からは評議会が一九時前くらいまで続く、という慌ただしい日々を過ごしておりました。

ただ、今週のいろいろな出来事を聞くと、ご承知だと思いますけれども、二三日（火）には沖縄県糸満市の平和祈念公園で、沖縄県が主催する全戦没者追悼式が執り行われました。今日、特に普天間基地（宜野湾市）から辺野古（名護市）への移転をめぐる事柄が、ずいぶん大きな問題になっています。その日に沖縄県立の高等学校の生徒が読みあげた詩が新聞記事にも出ていました。

そこではまた知念捷さんが詩を詠まれました。自分で作った詩のタイトルが、「みるく世がやゆら」という沖縄の言葉を表現しています。普通に言えば、「今は平和でしょうか」という詩です。この知念さんはお祖父さんのお姉さんの戦争体験に触れて、今の時代がはたして平和なんでしょうかと、問いかけをする詩を詠まれて、多くの方々の感動を呼び起こされたと報道されていました。

私たちは今、関西地域に住んでいます。一見、日常の中では穏やかで、平穏であるかのような現実が映っているようでありますけれども、よくよく現実のどこかにまなざしを注いでいくと、私たちの日本列島を取り巻く現実も、必ずしも平和ではない。厳しい争いの場であってみたり、平和の対局にあるような戦争という事柄につながるような現実が、日本列島にもみられます。これは、二〇一一（平成二三）年三月の東日本大震災以後でもそうですし、東京電力の福島原子力発電所の事故に伴う放射性物質に汚染された水が、日々たくさん流れているような現実もあります。

そういう意味で、私たちは自分の生活エリアの中で、いろいろと経験し見聞きした範囲で物事を考えがちでありますけれども、もう少し広い視野で、視点を変えて見ることも大事だと思います。

とりわけ本学の建学の精神につきましては、皆さん方のお手元の学生手帳に記載し、その一節には、こういう文章があります。

阿弥陀仏の願いに照らされ、自らの自己中心性が顕わにされることにおいて、初めて自己の思想・観点・価値観等を絶対視する硬直した視点から解放され、広く柔らかな視野を獲得することができるのです。

すべてのものが阿弥陀仏の願い、あるいは光に照らされているんだということに気づくことによって、自分が自明視しているようなありようを見直した際に、そこには自分を中心とした見方、考え方がこびりついているのではないか。これを少し柔らかい視点から見直すことをとおして、自分自身もそういう硬直した枠の中にとどまらない、広い視野を得ることができる。

人間の間についても、どうしても〈私〉というフィルターでしか見ようとしないものを、すべてのものが阿弥陀仏の光の中に照らし出されているんだと気づくことによって、お互いの関係がもう一度、見直されてくる。

見直しはやはり互いがかけがえのない、変わることのできない、相互の存在であるということをとおして、いろいろな意見の違い、あるいは主張の違いがあったとしても、その存在自体を尊び合っていける。なかには対立があったり、争いがあったりしても、そのことが認め合っていける。あるいはどこかで許し合っていけるようなものも培っていくものだ、と。

なかなか〈私〉の中では、許すこともできないようなこともあろうかと思いますけれども、もう少し広い視点に立って考えてみよう、あるいは気づいてみようと育てられていくはたらきが、阿弥陀さまのはたらきではないか――。

本学は、一六三九（寛永一六）年に始まってから三七七年目を迎えます。歴史としてはいろいろな激しい移り変わりがあって、そういう時代ごとの大きな考え方があったり、仕組みがある中でも、人としてその時代を生き抜くことの原点があろうかと思います。したがって、人としてのありようの原点を見つめたことを中心にして歩んだからこそ、今の時代の中を私たちの大学は存続している。

いつの時代においても、社会の仕組みでは、言葉的にはある種のイデオロギーという言葉を使うならば、虚偽的な考え方というのは、どこかであるわけです。その際に、何が幸福なのか、何が真実なのか——そういう問いかけをもつことが、私たちが虚偽の世界に誘導されない、あるいはそういうことに惑わされない方向を見定めながら、そういう方向に気づきながら、歩むことができる。そういうことではないかと思います。

今の社会においても、私たちがもつさまざまな願望、欲望あるいは煩悩というものの中に、動かされていくような仕組み、装置、そういったものも、社会が変わるごとに、立ち現れてくるでしょう。

最近、国会で上程しようとしている法案の中に、〝カジノ法案〟（統合型リゾート整備推進法案）があります。全国の数ヶ所にカジノを造りたいという法案です。仏教の考え方に基づいて、生きようとする、社会を考えようとする者にとっては、カジノというような社会的な享楽装置というか、そういうものは人間を著しく狂わせていく、惑わせていくような、あるいは欲望、金銭をひたすら追求していくような、そういう装置であり、また同時に、一方では、その果実を必ずしも全体として得ることができない。そういうものを造ろうとしています。これが、日本の国政を担う人たちが集まっている場所で議論される――。

しかし、人間をよくよく直視して考えれば、そういったものによって狂わされていくような社会の仕組み、システムが、改めて作られていくことを、必ずしも諸手を挙げて支持、賛美することはできない。それが仏教的な考え方に立つものの見方、主張ではないだろうかと思ったりもいたします。

私どもの龍谷大学は、今年四月から、この瀬田キャンパスで新たに農学部が誕生しました。私も五月には久しぶりに田んぼに入って、先生方や学生の皆さんと田植えをさせていただきました。私は山里で育ちましたので、小学生までは田んぼに入ったり、近所の農家に行って牛と遊んだりしましたけれども、それ以来田んぼに入ったことはなかったと思います。手で田植えをした記憶もありません。半世紀ぶりに田植え体験をさせていただいて懐かしく感じました。

田の感触、土の感触も非常に懐かしく思われ、またそこに生命感、いのち、瑞々しい感覚といった、私の日常の中で失われていることに、改めて気づかせていただくような体験をしました。そういった喜びも感動もありました。

また先日の朝、本学に勤める女性職員がJR稲荷駅から深草キャンパスまで歩いていた際に、雨が降りだしてきたそうです。その時、後ろから来る女子学生が、何気なく傘を差しかけてくださったと聞きました。こういったことは、なかなかできないことかもわかりません。「龍大の学生さんに、そのようにしてもらったんですよ」という話を聞いて、龍谷大学にこういう学生がいるということは非常に嬉しいことだと思いました。

今日、入口でお渡しした資料があります。

田植え（2015年5月13日）

これは『日経キャリアマガジン』の「就職力ランキング」という雑誌の特集です。企業の人事関係の人たちが、全国の大学から一〇校ぐらいをそれぞれが選んで、大学イメージを項目ごとに点数化しています。それを集計して平均値を出したようなものらしいです。

龍谷大学の総合的なランキングは三七位でした。「行動力」の項目は三位で、その他「対人力」とか、いろいろな評価点が出ています。「行動力」の中でも、「熱意がある」というのが点数で見ると八・二二くらいあって、びっくりしました。

私たちから見ると、龍大生はおとなしくて、つつましくて、人より前に押し出るようなイメージはあまり感じないという印象だったのですけれども、最近二年間の統計数字の集計ですので、二〇一三年から二〇一五年にかけての企業関係の人たちが、龍谷大学の学生たちと接して、そういう積極的評価が出ています。ここしばらくは、先ほど申しあげました新学部の設置をめぐって、精力的にいろいろ取り組んだこと、あるいは就職をめぐっても、インターンシップ等々、教職員とも協力して、ずいぶん熱心に取り組んできました。

そのように大学全体として、いろいろな意味で活発な取り組みが進んでいるということで、企業の人事担当者からそういう目線で見られている（それを評価してくださっている）

――そのように思います。

こういう数値評価を見て、私は、「意外だな、本当かな?」という印象もありました。しかしデータを見ると、確かに企業の人事関係の人たちが一〇校ずつ選んで、それをトータルして三分野に分けて、平均値を出した総計です。

私たちもそういう意味では常に動きながら、私たちもいのちとして、日々はたらいているいのちをいただいている身として、決して胡坐をかくわけではなく、謙虚に、いただいたいのち、恵まれたいのちを、この身に今いただいていることに深く感謝し、またそのことを慶びとさせていただいて、それぞれの仕事にしっかりと、真剣に取り組ませていただこうと思ったりもいたします。

今日は皆さんと共に朝のお参りをさせていただきました。

どこにいても、どこであっても、私が気づこうが、意識しようがしまいが、そこには、「すでに」というはたらきで阿弥陀仏の光が注がれていることに気づかせていただいて、そこにありがたさ、尊さを感じながら、お互いがお互いとして尊び合っていけるような社会、人間の集団、組織をつくる――。

これは自然現象で生まれてくるわけではありません。そういう思いをもった人が、社会あるいは人間関係をつくりだしていく、そういう役割をしっかりと果たしていければ、と思うところです。

今朝も皆さんとともにお参りをさせていただき感謝申しあげ、法話を終わらせていただきます。朝早くから、ようこそお参りをいただきました。

◆二〇一六（平成二八）年五月三一日（火）　於：瀬田キャンパス・樹心館

皆さん、おはようございます。

今日で五月も終わり、明日から六月に入ります。五月からここ一ヶ月の間に、瀬田キャンパスの草木もいよいよ濃くなって、私たちの心に落ち着きを届けてくれているような感じがします。

私は奈良の宇陀市大宇陀、その町から少し離れたところに住まいがありますので、五月初めの頃と、ほぼ一ヶ月を経た今では、周りの様子がずいぶん変わっています。近所に田んぼがあって、田植えが始まるとともに、蛙の鳴き声が夜通し聞こえていましたが、一ヶ月が経つと、その声も少しずつおさまっているような気がします。また、耳を澄ませば、鶯の囀りにも変化があり、雉の鳴き声も聞こえてきます。

夜になれば星が輝き自然豊かな環境だとは言えますが、善し悪しという二分法の思惟にはおさまらないものがあります。今頃は何が大変なのかと言えば、四月末頃に草刈りをした土手の草が、一ヶ月経つともう膝近くまで伸びてきて、草刈りに追われます。現在は、草刈り機を使用していますが、かつては鎌での草刈りで、手間暇がかかり身体的負担の大きい歴史を歩んできました。そういうことで先日、一時間半ばかり奮闘しましたが、老化した足元や鈍化した五感の働きにも気づいて、身体性を取り戻せたと思います。

私は、時々、書店に足を運びます。最近、書店に並んでいる本の中に、アドラー心理学の本がたくさん積まれていることに気づきました。著者のアルフレッド・アドラー（一八七〇～一九三七年）は、オーストリアの精神科医、心理学者で、アドラー心理学の創始者です。皆さんの多くは、心理学といえばフロイトやユングの名前を聞かれることが多いと思いますが、最近、書店に行くとアドラー心理学の本が積み重ねられています。特に売れているのは、『嫌われる勇気』（岸見一郎・古賀史健、ダイヤモンド社、二〇一三年）という本だそうです。

この本がなぜ売れているか？　その背景には、二〇〇〇（平成一二）年以降およそ一〇年を経て、時代が移りゆくに従って、多くの人たちが、他の人たちに同調することによって〈自分〉というものを維持しよう、保とうとする——そういう傾向が強く出ていることがあるそうです。

そこには、評価主義の影響や、どのように見られたいという願望があろうかと思います。だからといって、自己を他者に合わせてしまうと、〝嫌われることを避けたい〟という傾向が強くなる。そのことによって、自分の生き方、自分らしさが失われているのではないか、と思う。そのことに悩み込んでしまう。

だからむしろ嫌われることを恐れない勇気が、いま求められているのではいないか。そのことこそが、自分の生き方を回復する道ではないか、という方向で心理学のサジェスチョン、アドバイスをしている本であります。

基本的に、社会のいろいろな事柄、自分たちの問題、悩みは、対人関係によってもたらされている。それが私たちそれぞれの悩みだということで、一人ひとりの考えの出発点は、比較相対的にマイナス面、劣等感をもっている〈私〉が、相対的にプラスとなる方向に向かって歩み出すことだ、というのです。

その本においては「自分の人生を生きよう」ということが重要なキーワードになっています。その言葉自体は、もっともなことなのですが、私たちが仏教、浄土真宗の教え、建学の精神などを学び、考えていけば、その書物では決定的に問われていない本質があるように思います。

それは何かというと、「自分の人生を生きよう」と言う場合の「自分」とは何か、ということです。そういう問いかけが深く問い明かされていない問題、課題というか、欠落があります。ヨーロッパで生まれた心理学ですから当然、自己、〈私〉、自我というものを当然のように前提にした心理学分析をしているわけです。

私たちの大学にしてもそうですが、仏教の場合はそもそも、「私」「我」と称しているものが、そもそもどういう存在なのかを問うことが必要であり、大いに問題としなければいけないと思います。

その際に何を手がかりにするのか?　こうして一緒にお参りをさせていただきながら、浄土真宗では阿弥陀仏という仏さまのはたらきに気づかせていただく、気づくことだ、と。阿弥陀仏という仏さまのはたらきとは、そもそもどういったはたらきなのか?　それについては親鸞聖人が七六歳の時に詠われた和讃の中に、次のようにあります。

十方微塵世界の　念仏の衆生をみそなはし

摂取してすてざれば　阿弥陀となづけたてまつる

（『浄土和讃』弥陀経讃、『浄土真宗聖典』註釈版、五七一頁）

つまり、阿弥陀仏は世の中すべての生きとし生けるものをつぶさに観られ、摂め取って捨てない、必ず浄土に往き生まれさせたい、仏にならしめたいという、そのはたらきをもって名告られるのが阿弥陀仏という仏さまなのだ、と。だから、阿弥陀仏という仏さまの名告りは、この〈私〉を必ず浄土に往き生まれさせたい、悟りの世界に往き生まれさせたいのだというはたらき、それが「阿弥陀仏」なのだという文脈なのです。

ですから、私たちは、この〈私〉がここにあることを自明の、当たり前のこと、前提にして、あるいは単純に肯定して、向こう側に対象として仏さまがおられるというような関係性、位置関係で理解しようとすると、仏教の基本的な教え、はたらきに出遇う、ということができない、二分法による思惟というものをつくってしまうことがあると思います。

ですから、私たちは、自己を問うことを機縁として、〈すでに〉阿弥陀仏のはたらきに「値遇」し、目覚め、気づかせていただく。根源的には、弥陀仏のはたらき、世界は目にも見えないけれども、それを知らしめられる方便として阿弥陀仏の姿を現そうとして、仏さまの木像なども刻まれていく。

仏さまとして向こう側にご安置する阿弥陀仏の像は、いったい何を〈私〉に気づかせてくださる手だてとしてお立ちであるのか、という発想をもたないと、そのはたらきに気づけないということです。

遠くの向こう側に仏がいるのではなくて、浄土という仏の世界へ先に往き生まれた方はいつも、この〈私〉がいるところに還り来て、仏のはたらきをしてくださる。私たちに、どういう願い、呼び声がはたらいているのかと尋ねていった時には、一人ひとりはかけがえのない、他に代わることのできない、尊いいのちに恵まれた〈私〉と称した存在であるということです。

生きとし生けるものそれぞれには、姿かたち、生き方、文化などの違いがある。しかし一人ひとりが代わることのできない、かけがえのない存在たらしめるはたらきが、すではたらいているということに気づく。そのことによってこそ一人ひとりの、生きとし生ける人びとの尊厳性の根拠となる。

私においても、隣にいる人においてもそうであって、すべての人がそういう存在としてお互いを尊重していく、そういう方向に向かって歩んでいくことが、私たちにとって、阿弥陀仏に育てられる人間への、〈私〉への見つめ方だと思ったりもします。

しかしながら、そのように見つめていくことは、同時に、私自身にもいろいろな難しい問題を抱えていることにも気づかされることでもあります。私たちはそれぞれ〈我〉をもち、自己コントロールできない煩悩というはたらきを抱えており、その煩悩によって揺り動かされていくような、あるいは身心が乱されるような存在でもある。あるいは気づかないで、あるいは気づいていても、避けることができずに他のいのちを傷つけたり、殺めたりしまっているかも知れない〈私〉である。阿弥陀仏のはたらきに出遇って、そのことに慚愧する我が身であることも明らかになっていくということであります。

ところで私たちは毎週木曜日に会議をします。その折々に、特に課外活動関係ですぐれた成績を収めたサークルの代表が来られて、その報告をいただく機会が多くあります。先日も女子バドミントン部、女子バレー部、吹奏楽部が関西地区の大会で優勝されたなどの報告がありました。

バレー部にしても、バドミントン部にしても、終わった試合をふり返ることがあると思いますが、試合後にその試合をありのままに再現することは基本的に難しいと思います。なぜなら、映像を再現しても、その場全体をそのまま再現することは困難だからです。一応、過去の映像を見つつ、また新たな場面の新たな空気の中で、次の試合を行うということです。過去の失敗等々、ミスがあったとしても、いつまでもそれだけにこだわると、先の新たな環境、新たな空気のもとでの試合内容が必ずしも好転するわけではないだろうと思います。

そういう意味では、それぞれの恵まれた能力、あるいは潜在的な能力、もっているものをより顕在化していく手だてを考えながら、私たちもそれぞれ仕事に励んでいくことになろうかと思ったりもします。

先にお話ししたように、書店にはいろいろな本がありますけれども、特に心理学とか哲学とか、「人間」を扱う分野については、むしろ私たちがすでに学んでいる、お釈迦さまの教え、親鸞聖人の教え、思想を進んで学んでいく中にこそ、現代を生きる私たちの根本的な悩み、苦悩を超えていく教え、導きがある――そのことを大事にしていった方がよいと思います。

十方微塵世界の　念仏の衆生をみそなはし
摂取してすてざれば　阿弥陀となづけたてまつる

という詠の文脈を、ぜひ皆さんとともに味わってみたいと、このように思ったことでございます。

皆さん、本日は朝早くからようこそお参りいただきました。

龍谷大学　国際交流（抜粋）

タイ国タイマガーイ寺院関係者来学（2012 年 5 月 16 日）

アンゴラアゴスティーニョネト大学との協定調印式（2013 年 1 月 21 日）

バンガー大学との学生交換協定（2013 年 12 月 19 日）

アウン・サン・スー・チー ミャンマー連邦共和国国家最高顧問との懇談会（2016 年 11 月 3 日）

瀋陽大学と学生交換協定締結（2015 年 12 月 22 日）

阪神・淡路大震災 学長メッセージ

❖2015（平成27）年1月17日

「阪神・淡路大震災二〇年」にあたって

本年から二〇年前となる一九九五（平成七）年一月一七日の未明、私たちは、未だかつて経験したことがない激しい揺れを伴った「阪神・淡路大震災」に見舞われました。多くの建物が倒壊し、交通網やインフラは麻痺、火災も広がり、六、〇〇〇名を超える方々が犠牲となり、四万数千人が負傷する大惨事となりました。悲しいことに、本学でも一名の学生が亡くなられました。また、ご家族を亡くされたり、怪我や家屋の倒壊など被害を受けた学生・関係者もたくさんおられました。日本列島は地震国であることを示唆されながらも、人工的都市計画のもとでの安全性や消費社会のもとでの豊かさや利便さを享受する日常に慣れていた私たちにとって、大震災によって失ったものの大きさは計り知れず、その実態を前に茫然と立ち尽くし、復興への歩みは不可能ではないかとさえ思えました。しかし、私たちは苦しみの中で、共に助け合い支え合うことをとおして、未来へと歩み出すことができたのではないかと思います。

・・・・・・・・・・・・・・・・・・・・・・・・・・・・・・・・・・・

この二〇年は、被災地および人々との絆の大切さが再認識された二〇年でもありました。従来の国や自治体主導の復興から、被災地の人々の悲しみ、苦しさに寄り添い、人と人のつながりを縁とした、一人ひとりの自発的で主体的な行動による小さな支援が、つながり重なり合い、やがて、大きなうねりとなって動き始める、ボランティア活動が本格的に社会に広がりをもたらしました。龍谷大学からも、この大震災への支援に参加した学生および教職員も多く、その後に自然災害が起こるたびに支援に参加し、二〇一一（平成二三）年三月一一日の東日本大震災には、大学としてもＮＰＯ・ボランティアセンターを中心に多くの学生や教職員が被災地および被災した人々の支援に参加していま す。ふり返れば阪神・淡路大震災の頃に生まれた学生たちが、今、新たな各地での災害支援活動に参加することは、心強く、頼もしいことであります。本学の建学の精神、親鸞聖人の精神の具現化の一つとしてボランティア活動に顕在化していることに意義深いものを感じずにはいられません。

阪神・淡路大震災から二〇年を迎えるにあたり、すべての被災者および関係者の方々に、改めてお見舞いを申しあげるとともに、犠牲となられた方々を偲びつつ、いのち恵まれていることの不思議さ、ありがたさに深く目覚め、学び、「真実を求め、真実に生き、真実を顕かにする」ことのできる人間となり、広く社会に貢献すべく、共に歩んでいきましょう。

東日本大震災 学長メッセージ

❖2015（平成27）年3月11日

東日本大震災から四年

私たちは、二〇一一（平成二三）年三月一一日の東日本大震災から四年目を迎えました。改めて犠牲となられた一万七千人を超す一人ひとりに、ご家族に心から哀悼の意を表するとともに、避難を余儀なくされ、故郷から遠く離れて厳しい生活を送られている皆さま、約二二万九千人の皆さまにお見舞い申しあげます。一日も早く平穏な生活が戻られますことを心から念じております。また、被災地、被災者へのさまざまな支援、インフラ整備などの復興に取り組んでおられるすべての皆さまのご尽力に深く敬意を表します。

私たちは、建学の精神、浄土真宗のみ教えである阿弥陀仏のはたらきの中で、自己中心性を自明視している自らのあり方、底なしの欲望充足、価値観等を見直し、いのちの連帯性、「同朋」であるという広い視野に立って、大震災後の具体的な諸課題に向き合うことが大切です。

本学では、ボランティア・ＮＰＯ活動センターが中心となって大震災後の復興のための取り組みについて長期的活動を視野に入れつつ不断の実践と対話を重ねてまいりました。被災地から学生へ寄せられる期待は大きく、学生の主体的な活動を支援しながらの試行錯誤の四年間でありました。結果として四〇〇人を超す学生、教職員が現地に赴き、多彩な活動を展開することとなりました。彼らは被災地の現場に立ち、被災した多くの皆さまとの交流・対話によって、メディア情報だけでは伝わらない、言葉にすることができない真実があることを学びました。被災地の厳しい現実を目の当たりにして、そこに我が身を置いて「重ね描く」ことによって、遠く離れた京都での日常生活の中では感じることのない深い思い、人の痛みがわかる豊かな人間性が育てられています。当事者にはなれないものの、そこに思いをはせ、「重ね描く」営みは、今私たちがそれぞれの場所で家族や親子、地域など関係を改めて見つめ直し、新たな公共形成などの大きな機縁になっています。昨年四月から、本学の実践真宗学研究科では、被災地の皆さんに寄り添う実践事例を踏まえて東北大学文学研究科と連携して建学の精神を具現化する「臨床宗教師」養成プログラムが発足しました。また、この度、深草キャンパスの「和顔館」の開館にあたり、宮城県石巻市雄勝町で泥にまみれた「雄勝硯」の洗いなどのボランティア活動に取り組んでいたご縁で、「雄勝石」を地下中庭に敷くことになりました。

さて、東日本大震災に伴う東京

吹奏楽部コンサート in 南三陸町（2012 年 3 月 4 日）

電力福島原子力発電所の事故は、豊かな国土を深刻な放射能で汚染し、大量の汚染水を出し続けています。原発事故は、核の平和的利用を掲げ、安全神話で覆っていた核エネルギーに依存した産業構造、核に関わる科学技術力、社会の効率や利便追求のあり方、過剰な電力消費の生活などを含め、日本のみならず世界に対しても近代的文明観を根源的に問う契機となりました。

去る三月九日に来日したドイツのアンゲラ・メルケル首相は、物理学者でもありますが、東京電力福島原子力発電所事故から深く学び、原発稼働の延長を決めていたドイツのエネルギー政策の大転換をはかり、二〇二二年までの原発全廃を政治決断したと語り、日本とドイツが「脱原発」で足並みをそろえるべきだとの考えを示しています。地震列島に住む私たちの日本では、取り返しのつかない重大事故から何を学んだのでしょうか。リスクの甚大さを軽視してはいないでしょうか。放射能汚染により国土、地域から多くの人々を離散させた深刻さをどのように認識するのでしょうか。今日、いくつかの原子力発電所で再稼働への手続きが進んでいます。私たちは立ちはだかる大きく、長期にわたる諸課題を直視しながらも、新たなエネルギー制度、自然再生エネルギーへの転換に向けた一歩を踏み出すことが大切です。本学では、「龍谷ソーラーパーク」を稼働させ、自然再生エネルギー活用の方途を提起しています。

私たちはすべてのいのちを輝かしめたいとの南無阿弥陀仏のお心を受けとめ、多くの皆さまと対話を重ね、粘り強く信頼関係をつくりながら、恵

東日本大震災法要（2014 年 3 月 11 日）

まれたいのちを大切にするネットワークを形成して持続可能な日本社会を切り拓いていく。そして、今後も復興支援活動に取り組んでいきたいと考えています。

どうぞ、皆さまのご支援とご協力を賜りますようお願い申しあげます。

卒業式　式辞

二〇一二（平成二四）年度卒業証書・学位記、修了証書授与式

社会学部、大学院社会学研究科の卒業生・修了生に向けて

二〇一三（平成二五）年三月一五日（金）　於：瀬田キャンパス

龍谷大学社会学部で学問を修め、本日ここに、晴れて卒業を迎えられた皆さん、そして大学院社会学研究科を無事修了された皆さん、おめでとうございます。

また、ご家族の皆さまにも心よりお祝いを申しあげるとともに、これまで学生の皆さんの成長をしっかりと支え、見守り続けてくださいましたことに対して、深く敬意を表します。

さて、皆さんは、この龍谷大学で何を学んでこられたでしょうか。まずは、専門分野や関心に応じた、また目標達成に役立つ知識を、それぞれ貪欲に吸収されてきたことと思います。その知識を何のために、どのように生かしていくか。これから問われるのは、そのことです。知識は所有するものではなく、活用することではじめて本来の価値を発揮するからです。もしも知識の習得だけで終わったとしたら、その学びは不十分と言わざるをえ

ません。知識を活用する場自体、つまり意味のある〝問い〟そのものを自ら創造的に発見していかなければ、高度な知識も虚飾に過ぎなくなってしまいます。すでに知られ、与えられている枠組みを超えて、未知の領域、理解できないこと、想定外のことにまで視界を広げ、あるいはわかりきったことと思われていたことをラディカルに疑い、解きほぐし、問い直すことによって、皆さんの得た知識にいのちが吹き込まれ、豊かな可能性を現実のものとして開花させられるのではないでしょうか。

閉塞した社会、複雑な世界を読み解き、課題解決に取り組むには、あらかじめ与えられ権威づけられた知識、情報学がご専門の西垣通さんの表現を借りるならば「天下りの知」（一）を批判的に検証し、本当に大切な知を主体的に選択・編集しながら構築していくことが求められます。私たちはそのことを、二年前の東日本大震災、そして原子力発電所の深刻な事故などを通じて、改めて深く学んだはずです。

批判的であるためには、まず疑問をもつことが必要です。物事を自明視してしまうことなく疑うためには、まずは慣れ親しんだものからうまくズレ、躓き、そして〝気づく〟という経験がなければなりません。私たちは、思った以上に、〝謂われのない〟信頼に基づいて、自明視された世界、当たり前とされる物事の溢れる社会を生きています。かつて、私も敬愛する政治学者の丸山眞男さんは、現実とは「いろいろな可能性の束」(二)であると言いましたが、確かに世界は私たちの想像力をはるかにしのいで、実際にはもっと豊かで、そしてもっと危ういのではないでしょうか。しかし、そのことに気づかないまま、平板な日々の生活を送っています。

東日本大震災から八ヶ月ほど過ぎた頃、詩人の長田弘さんは次のように語っています。「朝が明けて、陽が高くなって、やがて日が暮れてというふうにだんだんと変わってゆく何でもない一日が、平凡過ぎて退屈なだけの一日どころか、本当はとんでもなく大切な一日であり、ありふれた奇跡と言っていいような、かけがえのない一日であるということ。そのことを、いまさらながらはっきり思い知らされたのは、今年の東日本大震災と、それからの日々だったと思うのです」(三)。長田さんの言葉は、おそらくここにいるすべての皆さんの心に共鳴するのではないかと思います。とはいえ、多くの犠牲を伴う、言葉を失うほどの絶望的な出来事によってしか、私たちは自明性を疑うことができないとすれば、やり切れない思いにもなります。

しかし、決してそれが唯一のきっかけなのではありません。あくまでも知的な作業として、そして創造的な行為として、平凡の中に潜むありがたさ、ありふれたことと表裏一体としてある取り替えのきかなさに気づくこともできるはずです。正課授業だけでなく、課外活動も含めた学生生活全体を通じて実践してきた本学での学びの核心は、お仕着せの知識を習得することにあるのではありません。そうではなく、浄土真宗の精神を建学の精神とし、「真実を求め、真実に生き、真実を顕かにする」ことのできる人間の育成を目指す本学で、皆さんは確かな知性と潤いのある人間性とを兼ね備えた、掛け値なしの人間力を養ってこられました。皆さんならば、現実と真摯に向き合い、見えているのに気づかないことを見逃さず、批判的に問いを立て、真実を見極め、解決へと導く努力を怠ることはないと、私は確信しています。危機の大小にかかわらず、それらを必ずや見事に突破して、未来を切り拓くことのできる智慧が備わっていると断言して憚るところはありません。

先ほど触れた詩人の長田弘さんは、「樹が語ること」というエッセーでも興味深いことを述べています。長田さんは言います、「どんなに孤立しているように見えても、樹はあくまでも共に生きている存在です。季節と共に、気候と共に、風景と共に、街と共に、時と共に在るのが樹であり、そうした樹の在り方から不断によびさまされるのは、しんとして、その樹から伝わってくる、そうした『共に在る』という直接的で、根源的な感覚です[四]」。

　私たちは今、「共に在る」ことの切実さを感じつつ生きています。それは一見すると簡単なことのようで、実際には困難な取り組みによってかろうじて可能なのではないかとも思われます。しかし、実は、「共に在る」とはどのようなことか、またどうすればよいかを、そこに立つ樹がいつでもそっと伝えている。そのことを長田さんは気づかせてくれます。物事を真剣に考え抜くことは、どれだけ強調してもしすぎることのないくらい、大切な知的作業ですが、同時に何気ないものごとから発せられるメッセージを鋭敏に感じ取ることのできる感性を養うこともまた、それと同じぐらい重要なのでしょう。それとともに、「鍵をあけるとき、かならずしも鍵穴に合致した鍵を用いる必要はない[五]」といった、柔軟に適応することのできる知性も身につけていきたいものです。

　二〇一四年（平成二六）一一月には、「持続発展教育（ＥＳＤ）に関するユネスコ世界会議」が名古屋で開催されます。持続可能な社会の担い手を育てていくことは、地球規模の喫緊の課題としてあります。皆さんは、これまでの学びの中で、豊かな人間関係を築き、良質

な社会を創造するために必要となる、貴重な能力を培ってこられました。そうした能力を存分に発揮し、活躍すべき場は、今後益々多くなるものと予想されます。本学で学ばれた皆さんが、知・情・意の調和の取れた有為の人間として、主体的に社会に貢献し、課題解決のために尽力されることを、切に願っています。

ところで、龍谷大学では、これまで以上に教育力を高め、学生の主体的な成長を促すことを目指し、「一人ひとりの豊かな人間性と確かな知識を基盤に、本質を知り、未来に立つ」学生の姿を新たな「龍谷ブランド」のコンセプトとして位置づけたうえで、それを象徴的に表現する新たなロゴマークとスローガンを、昨年九月から使用し始めました。また、深草学舎の二二号館の利用開始に続いて、新一号館の建設も始まるなど、全学的なキャンパスの再構築を進めています。二〇一五（平成二七）年四月に国際文化学部を深草学舎へ移転するとともに、瀬田学舎に農学部を新設するという計画についても、お聞き及びのことでしょう。

このように、目指すべき「二〇二〇年の龍谷大学像」の実現に向けて、本学では現在、さまざまな取り組みを推し進めています。こうした取り組みを通じて、今後さらに社会に貢献し、世界の平和と発展に寄与するという使命を果たすべく努力を重ねながら、ブランド・イメージの浸透と定着を図り、本学の価値やプレゼンスを高めてまいります。「You, Unlimited」というスローガンは、皆さんに向けた呼びかけであると同時に、皆さんから龍谷大学に発せられる期待としてしっかりと受け止め、何度も反芻しながら、皆さんが本学を卒業・修了したことを一層誇りに思ってくださるよう、これからも知性と活気に溢れる大学づくりに邁進いたします。

皆さんは卒業しても龍谷大学の一員です。私たちは、皆さんとともに、品格漂う誇るべき学風を守りつつ、躍動する龍谷大学を創り上げていきたいと考えています。今後とも、校友として篤いご支援をお寄せくださいますよう、お願い申しあげます。龍谷大学の挑戦はすでに始まっています。どうぞご期待ください。

いよいよ皆さんは、新たな世界へと歩を進めることになります。これからの長い道のりでは、過去が意味づけ直され、未来が開かれるような、多くの貴重なめぐり逢いを経験するはずです。しかし、自分を閉ざしていたのでは、そうしたせっかくの出逢いも見逃してしまいます。ぜひ、龍谷大学での学びの成果を糧に、無謀に走ることなく、しかし臆病にもならずに、自信と勇気をもって、自らを開き、そして未来を開いてください。躓くことを恐れずに、あるいは時に立ち止まることも忘れずに、常に感謝と謙虚さを抱き、未来の希望を先取りしつつ、実り豊かな人生を力強く、かつ、しやなかに歩んでいってください。

皆さんの今後のご活躍を心よりお念じ申しあげます。

式辞を閉じるにあって、一昨日、東日本大震災の被害を宮城県で受け、今年卒業する学生のご両親からいただいた、手紙を紹介しておきたいと思います。

拝啓

早春の候ますますご清栄のこととお喜び申しあげます。

この度子供が卒業するにあたり、お礼を申しあげたく手紙を書かせていただきました。

東日本大震災後、二年間にわたり学費を免除していただきました。震災後、苦労していた私たちにはとても有難く言葉にできないくらい感謝でした。本当に有難うございました。

子供をはじめ、私たち両親も龍谷大学で学べたことを誇りに感じております。私たちも前を向いて歩き出しはじめております。子供も就職が決まり、京都を離れますが、第二の故郷になったと思います。

これからも学生のためにすばらしい大学でいていただけたらと思います。

はなはだ簡単ではありますが、書中をもってお礼を申しあげます。

敬具

「龍谷大学で学べたことを誇りに感じ」、龍谷大学が「第二の故郷になった」とのことは、私たちにとってこの上ない喜びです。本学では東日本大震災で被災した学生が困難の中でも学業を継続することができるようにさまざまな支援を行っています。今後も引き続き被災者、被災地への支援に取り組んでまいります。どうか、皆さんもこれからの人生で、被災地、被災者の困難さを、「われらのこと」と、共有、シェアしてご支援をお願い申しあげます。

本日は、まことにおめでとうございます。

【参考文献】
（一）西垣通『集合知とは何か――ネット時代の「知」のゆくえ』（中央公論新社、二〇一三年）
（二）丸山眞男「政治的判断」（『丸山眞男セレクション』平凡社、二〇一〇年、初版一九五八年）
（三）長田弘「一日を見つめる」（『なつかしい時間』岩波書店、二〇一三年）
（四）長田弘「樹が語ること」（三、前掲書所収）
（五）西垣通『集合知とは何か――ネット時代の「知」のゆくえ』（一、前掲書所収）

二〇一四（平成二六）年度九月卒業証書・学位記、修了証書授与式

大学院文学研究科、法学研究科、経済学研究科、経営学研究科、政策学研究科、法務研究科、実践真宗学研究科の修了生に向けて

二〇一四（平成二六）年九月一八日（木）　於：深草キャンパス

本日、ここにご卒業およびご修了を迎えられた皆さん、そして学位を取得された皆さん、おめでとうございます。龍谷大学を代表して、心からお祝いを申しあげます。また、これまで勉学・研究を温かく見守り、愛情深く支え続けてこられたご家族をはじめとする関係の皆さま方にも、深く祝意と敬意を表します。

今日は、皆さんが未来に向けての確かな、そして大きな一歩を刻む記念すべき日です。本学で学び、研究した成果を跳躍板として、新たな世界へ飛び立つ輝かしい日です。しかし、皆さんが踏み出そうとしているのは、必ずしも穏やかで快適な世界ではなく、むしろ多くの危険や不安が伴い、行き先を見通すのも難しい視界不良の荒海かもしれません。

現代は、経済的にも政治的にも軍事的にも文化的にも、さらに自然環境的にも混迷と危

機が深まっています。日本国内を見ると、この夏は広島での豪雨災害をはじめとして、〝異常〟と言うほかない気象に度々見舞われています。昨年から運用が開始された「特別警報」は、数十年に一度しか起きないような異常な現象が予想され、経験したことのないような重大な災害の起こる危険性が非常に高い場合に発令されるものですが、今年はすでに複数回出されています。「異常」や「特別」という言葉の意味が変わったのかと錯覚するほどです。さらには、社会全体の閉塞感や政治・経済に対する不信感、あるいは近隣諸国との政治的・軍事的な緊張の高まりや、今なお現在進行形の〝事件〟とも言うべき福島原発事故の困難さなど、私たちは不安と苛立ちが増殖し、増幅するような〝危機的〟な状況に置かれているようにも思われます。

世界に目を向けても、各地を襲う異常気象や大地震はもとより、ウクライナ危機やイスラエルのガザへの攻撃、「イスラム国」によるテロ行為とアメリカ軍による空爆、あるいは西アフリカ諸国でのエボラ出血熱の感染拡大など、私たちにとっても見過ごすことのできない難題が山積しています。

危機的、ということで言えば、対話や議論の大切さを口にしながら、実のところ一方的な意見を言いつのるばかりで、自分の主張に固執して、異なる意見については聞く耳を持たず、決して自説を変えない、という人が多くなってはいないでしょうか。そこに垣間見えるのは、お互いに違いを理解し、認め、受け入れたうえで共に考え、共に行動し、共に生きていこうという姿勢の欠如です。あるいは、他者に対する敬意と寛容と感謝の心のなさです。

危機を乗り切り、生き延びていくためには、他者との協力と連携がどうしても必要です。特にグローバル化が急速に進展し、出会ったことのない遠くの人たちとも無関係ではいられない現代社会にあっては、他者といかに共に生き抜くかが切実な課題です。そのためには、まず何よりも真の意味での対話を実現しなければなりません。そして、私たちは未来の世代に一体何を、どのように贈り届けることができるのかを、真剣に考えてみないといけません。

フランスの哲学者で作家のナタリー・サルトゥー＝ラジュさんが書かれた、『借りの哲学』（二）というタイトルの本は、今申しあげたことに関連した興味深い議論を展開しています。ここで言う「借り」とは、「貸し借り」の「借り」、「借りをつくる」「借りを返す」というときの「借り」のことです。この「借り」の概念を通じて、社会や経済、あるいは倫理などを再検討し、希望ある未来に向けて再構築していこうとする、きわめて意欲的な著作です。

資本主義が隆盛をきわめた一九三〇年代に理想的な人物像として登場したのが、「人の助けを借りずに、自分のことは自分でする人間」、言い換えれば「自分で自分をつくりあげる人間（セルフ・メイドマン）」です。これは、近年の過度に発達した資本主義経済の中でいっそう強化されています。こうした、「『自分には〈借り〉がない。いまの自分が持っているものはぜんぶ自分の力で得たものだ。だから、人に分けてやる必要はない』とうそぶく新自由主義的な自律した人間」は危険であると、ナタリー・サルトゥー＝ラジュさんは指摘します。自律した人間の特徴の一つは、「他人がつくってきた歴史に自分を位置づけるのではなく、自分が歴史をつくっていくことのほうが大切」であるため、「もはや伝統とは向き合おうとしない」点にあると言います。また、「成功を収めると、『すべては自分の力のおかげだ』という全能感を持つ」点も特徴的です。このように、歴史や伝統から自分を切り離し、かつ自分はオールマイティだと思い込むことで、そもそも人は祖先や両親、社会や自然などから「〈生まれながらの借り〉を負っている」こと、また、「大きくなって社会に出るまでに、そして社会に出てからも、さまざまな人との出会いを通じて、たくさんの〈借り〉をつくっている」という事実を認められなくなります。

私たちがこの世に生を受けるということ自体、自分の力で成しえることではありません。私たちの人生は、「生まれる」という〝受身〟の行為から始まっています。つまり、生まれながらにして私たちは〈借り〉があるのであり、その後も他の人に〈借り〉をつくりながら、言い換えれば、助けられ、支えられ、補われながら人生を歩んでいくのではないでしょうか。しかし、そうであるとすれば、いかにも自分が弱々しくて固有の価値がないように感じられたり、〈借り〉は返さねばならないという義務感が窮屈で不自由なものに思われたりするかもしれません。

しかし、決してそうではない、むしろ〈借り〉こそが本当の意味での自立、つまり自己を確立することを可能にするのだ、とナタリー・サルトゥー＝ラジュさんは言います。〈借り〉があるということは、自分にはできないことや足りないものがあり、それを誰かから与えてもらって欠如を埋め、満たしたということになります。その結果、今度は自分が与える側になって、自分のできることで、与えてもらった〈借り〉を返す。そのことで、「自分自身になる」ことができるわけです。

自分には〈借り〉がある。だからこそ、〈借り〉を返そうとする。私に〈借り〉をつくった人も、いつかどこかで誰かから受けた〈借り〉を返そうとしたことになる。〈借り〉は、それを与えてくれた本人に直接返さなくてもよい。〈借り〉のある人は、感謝の気持ちを込めて別の誰か、特に次の世代への〈貸し〉、しかもやはり直接は返さなくてもよい〈貸し〉として与える。こうして、「〈借り〉という輪が鎖となり、人々をつないでいく」ことで、「お互いが助け合い、弱い部分を補い合いながら」、「他人がいることによって自分を確立し、他人に依存していることを自覚することによって、自分らしく生きることができる」ような社会が開かれる、というナタリー・サルトゥー＝ラジュさんの提言は、危機の時代を生きる私たちに希望と勇気を与えてくれるのではないでしょうか。

皆さんは、浄土真宗の精神を建学の精神とする龍谷大学で学び、研究する中で、自己中心的な考えや既成概念にとらわれることなく本質を見いだし、自ら未来を切り拓いていくことのできる、しなやかな知性と確かな意志とを培ってこられました。皆さんが身につけられた、「平等」「自立」「内省」「感謝」「平和」を大切にする心をもってすれば、「自分に与えられたものは何か」「自分にはどんな〈借り〉があるのか」を自覚すること自体は、決して難しいことではないはずです。直接出会った人、親しい家族や友人、恩師などだけではなく、遠い過去も含めた、目に見えない多くの人たちからの〈借り〉のおかげで、いまの私、そしてこれからの私があるのだということを、まずは改めてしっかりと見つめ直してください。そのうえで、そのお返しをどのような形で実現していくかを考えてみてください。私たちより前の世代がそうであったように、「あとから来る世代が自分たちのつくった世界を受け取って、新しい世界をつくり、その世界をさらにあとから来る世代に伝えてくれると信じて」、〈借り〉という贈り物をしっかりと未来へと届けてくださることを願っています。

さて、本学では現在、大きな改革を行なっています。ご存じかと思いますが、来年の春には国際文化学部を国際学部に改組したうえで、瀬田キャンパスから深草キャンパスへ移転します。また、瀬田キャンパスには農学部を新設します。教養科目の再編も進行中です。この顕真館のすぐ隣で建設中の新校舎は年度内に完成します。その中には、「龍谷コモンズ」

という新たな学びの場を開設する予定です。

こうした取り組みを中心に、これまで以上に地域や社会に貢献し、世界の平和と持続的発展に寄与しうる大学になるべく、今後も努力してまいります。皆さんが本学を卒業・修了し、本学で学位を取得されたことをいっそう誇りに思ってくださるよう、歴史と伝統を大切にしながら、知性と活気に溢れる大学づくりに邁進いたします。皆さんはこれからも龍谷大学の一員です。私たちは、皆さんとともに、品格漂う誇るべき学風を守りつつ、躍動する龍谷大学を創りあげていきたいと考えています。今後とも、校友として篤い期待とご支援をお寄せくださいますよう、お願い申しあげるとともに、皆さんのご活躍を心から念じ申しあげます。

本日は、まことにおめでとうございます。

【参考文献】

（一）ナタリー・サルトゥー＝ラジュ『借りの哲学』（高野優監訳、太田出版、二〇一四年）

二〇一五（平成二七）年度卒業証書・学位記、修了証書授与式

理工学部・大学院理工学研究科の卒業生・修了生に向けて

二〇一六（平成二八）年三月一八日（金）　於：瀬田キャンパス

龍谷大学理工学部で学問を修め、本日ここに、晴れて卒業を迎えられた皆さん、そして大学院理工学研究科を無事修了された皆さん、おめでとうございます。龍谷大学を代表して心からお祝い申しあげます。

列席いただきましたご家族の皆さまにも、心よりお慶びを申しあげるとともに、これまで学生・院生の皆さんの学び、研究を、温かくも冷静に見守り続け、成長を支えてくださいましたことに対して、深く敬意を表します。

今日、こうして龍谷大学を卒業・修了し、次のステージへ飛躍されようとしている皆さんは、人生の新たな季節を迎えようとしていると言えます。それは誰もが通る道、誰にでも必ず訪れる人生の区切り目ではあります。皆さんにはすでに不安を乗り越えて自らの道を切り拓いていけるだけの力が備わっているはずです。まだ十分に実感をもてないかも知

れませんが、皆さんの中には〝可能性の種〟がしっかりと蒔かれているからです。

本学は、一六三九（寛永一六）年に本願寺境内に設けられた教育機関・学寮を淵源として、今年三七七年目を迎えます。この間、幾度もの歴史社会の激変を経験しながら、「浄土真宗の精神」を建学の精神として、「真実を求め、真実に生き、真実を顕かにする」ことのできる人間の育成に努めるとともに、学術研究に培われた幅広い教養や専門性に基づいた教育を実践し、さらに進取の精神で新たなフィールドに挑戦して、すぐれた研究成果を社会に還元し、誇るべき歴史と伝統を紡いできました。そのような本学で、自主的、主体的な学びを通じて、確かな知性を育み、未来を切り拓く多様な〝可能性の種〟を宿すに至った皆さんには、必ずや稔り豊かな季節が到来するものと確信しています。ただし、可能性はあくまで可能性にすぎず、それ以上でもそれ以下でもありません。種からどのような芽を吹かせ、葉を茂らせ、枝を伸ばし、花を咲かせ、そして実をつけるかは、今後の皆さんの育て方次第なのです。未来に向けて開かれた可能性を、いかにアクチュアルなものへと創造し、社会に、世界に貢献していくかが、これから切実に問われるのだと思います。

しかし、視野を世界に広げると、今、世界は危機の時代、とても困難な時代を迎えています。地球環境の悪化、温暖化や気候変動、地域紛争・戦争の激化、新型感染症の広がり、貧困・格差の拡大、金融工学による投資ファンド主導の経済など、難題が山積し、複雑化しています。それらは、グローバル化、情報化の進展によって国内にも類似の課題が山積しています。利便性のあるさまざまなＩＴの普及は、「脳を使わなくてもいい社会をわれわれは作ってしまった」とも言われます。それは、人間としての言語的思考を停止させ、動物的な反応、快・不快の単純化された二項対立の二者択一を、気分感情で行うような状態に人間を追い込んでいると、小森陽一氏が著書『心脳コントロール社会』（筑摩書房、二〇〇六年）で指摘しています。

まさに、この複雑化した時代にもかかわらず、単純な二分法、二項対立の思考、言語表現への傾斜は、感情爆発社会や自己愛過剰社会をもたらすばかりで、新たな視座で課題解決の方途を見いだすものではありません。つまり、相変わらずの高度成長期の発想や価値観の枠組みや、その延長上での施策では、希望ある未来を拓くことが困難であります。

大阪大学大学院教授の石黒浩さんは、人工知能を組み込んだ人間らしいロボット、人間型ロボット開発の第一人者の一人です。石黒氏は、人と人とがつながる、新しいロボット、

「生きているロボット」を作りたいと述べています。そこには、「人間とは何か」を本質的に考え続けることをとおした、人間もどきの「アンドロイド」、「人間を工学的に実現」する技術の進展に私は驚かざるをえませんが、技術を超えた人間を垣間見ることをとおした、逆照射による私のあり方に気づかしめられます。人工知能ロボットの進展は、まさに哲学、あるいは人間を、ありようを照射する倫理的、さらには宗教的本質にも架橋する知性を、私たちに複雑に考え抜くことが求められています。

さて、二〇一一（平成二三）年三月一一日の東日本大震災から五年目を迎えました。二万人を超える方々が犠牲となられ、いまなお避難生活を余儀なくされている皆さんは、約一七万四千人もおられます。私は、先月二二日から二四日にかけて、龍谷大学ボランティアセンター・NPO活動センターが主催する福島スタディツアーに参加する学生たちと、福島の被災地へ出かけてきました。復興への工事は着実に進んでいますが、被災された皆さんとの交流は、実に多くのことを学び、気づかしめられる機会となりました。そして、南相馬市から南に下る国道六号線の避難指示区域では、五年前の被災当時のままの家屋が並び、放射性物質で汚染された廃棄物を入れたフレコンパックが、あちこちで高く積み上げられます。放射性物質に汚染された広大な山野・田畑・家屋は、人の居住を遠ざけています。

地震が多発する日本列島に住む私たちは、いのちを脅かす原発事故の恐ろしさを、身をもって体験したことを、改めて再確認し、核エネルギーへの依存、過剰な電力消費社会のあり方を含め、近代的な文明観のリスクを根源的に問い直し、よく考え抜いて、新たな視座の確立の契機としなければなりません。

本学は、深草キャンパス二号館屋上や和歌山県印南町、そして三重県鈴鹿市に社会貢献型「龍谷ソーラーパーク」を設置しています。私は、人類の恒久的な生存を脅かす核エネルギーへの依存から自然再生エネルギーへの転換の方向性に、希望ある未来への展望をもちたい、と考えています。

龍谷大学は、二〇一〇年から二〇一九年に至る第五次長期計画のもと、諸施策を果敢に実行して、閉塞感・停滞感からの脱却に向かって変わりつつあります。昨年四月に、この瀬田キャンパスに農学部がスタートしました。国際文化学部は、国際学部と改称して、国際文化学科とグローバルスタディーズ学科から新たな教学展開を深草キャンパスで始めました。また、グローバル、スチューデント、ナレッジの三つのコモンズからなる「龍谷大学ラーニングコモンズ」を瀬田・深草の両キャンパスに開設して、自主的・主体的に学ぶ学生を積極的に支援しています。

私は、本学全体の質向上、教育の質向上に向けて諸施策の推進により、皆さんに続く可能性の種をもった、伸びしろのある後輩たちを支援したいと思っています。そして、本気で学修して、自らを成長させようとする、意欲をもった学生が集い、研究心の旺盛な大学院生が切磋琢磨する「知性と活気に溢れる」大学を創ることによって、地域、社会、そして世界の平和に貢献したいと考えています。魅力ある大学創造こそが、卒業生・修了生の皆さんの本学への誇り、帰属感につながるものだからです。

卒業・修了後の皆さんの心にとどめておいてほしいことがあります。それは、「仏教の思想」という必修科目を受講して、釈尊や親鸞聖人の教えや生涯の一端を学んだことです。私たちの人生には、必ずといっていい悩み・苦悩、私の思いのままにならない〈苦〉が伴います。その際、〈私とは何か〉〈私はどのように生きるべきなのか〉などとの問いをもちながらも、さらに踏み込んで、徹底して考え抜いた時、私という実体はなく、私の思惟、思いを超えて、はたらくいのち、いわば「恵まれたいのち」に目覚め、気づきます。まさに私という思いで「いのち」を囲い込まないようにすることが大切です。それは、迷いから悟りへの転換をもたらす、「智慧」です。

現実のいかなる条件も変化するものであり、その諸条件に埋没することなく、また、傲慢にもならず、謙虚さを保ち、自他の関係を生かし、生かし合う、そうした相互のはたらきかけを通じて、私たちがそれぞれの輝きを放ち、希望ある社会、未来を拓くことができるのではないでしょうか。

皆さんは卒業しても、龍谷大学の一員です。私たちは、皆さんと共に、品格の漂う、誇るべき学風を守りつつ、世界に躍動する龍谷大学を創りあげていきたいと考えています。今後は、卒業生、校友として、篤いご支援をお寄せくださいますようお願い申しあげ、皆さんの今後のご活躍を心よりお念じ申しあげます。

本日は、まことにおめでとうございます。

龍谷大学でのひととき

成人のつどい
（2012年1月7日）

学長辞令交付式（2011年4月1日）

「龍産戦」始球式
（2015年5月4日）

深草町家キャンパス開所式（2013年5月22日）

第48回仏教系四大学野球大会
開会式・始球式
（2016年8月18日）

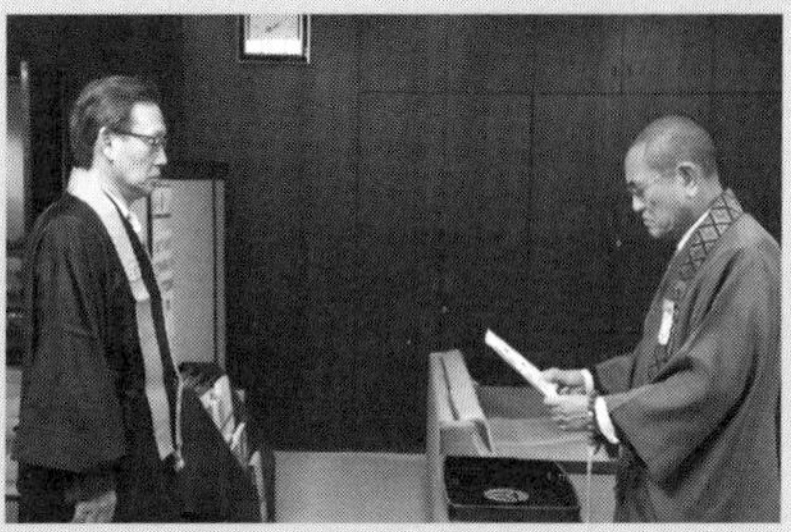

学長辞令交付式（2015年4月1日）

月々の言葉

＊本章は、二〇一六年四月から二〇一七年三月までに『京都新聞』で掲載のリレーエッセイ「サロン　クワトロ 2」寄稿文を収録しています。

自ら問い　深く思考する

大学の学びとは

4月、大学では新入生を迎えるが、例年この時期は、私も心ひきしまる思いがする。

入学式を挙行して、続く1週間程度の「オリエンテーション期間」で、学びのさまざまなガイダンスを実施している。新入生に対しては、夢や希望をもって自らの進路とともに、未来の日本社会を切り拓《ひら》くために、在学中に真剣で徹底した学びを深め、幅広い教養や専門性を習得して高度な知性を身につけてほしいと強く願う。

もちろん、そんな短期間の学びへの導入期間では、新入生に「大学の学び」を十分理解してもらうことは難しい。「大学の学び」の醍醐味《だいごみ》は、与えられた問いに対する答えや正解を学ぶのではなく、自ら問いを設定し答えを模索することである。解決済みと思われていることでも新たな問いを掘り起こしデザインして、創造的に答えを見いだす力を育むといっていいであろうか。すでに多くの知識が書物などで集積され、社会のさまざまな活動の基盤になっており、それらの知を手がかりに自ら問いを設定し、問題に取り組むのである。

現代は閉塞《へいそく》感や停滞感とともに、正解のない、生きづらい、不安な時代と言われている。自分さえよければいい、まわりのことを十分考えなくて済むような社会をつくりだしている。単純な快と不快、善と悪などの二項対立の二者択一を性急に行うような、わかりやすさに人間を追い込んで、深く思考することを停止させている傾向がある。

グローバル化の進展は、ヒト・モノ・カネ・情報・文化の国境を越えた移動を可能にし、それらの国際標準化は、日本の優れた価値や文化、言語、作法、振る舞い、習慣、慣習などといった伝統を浸食し、伝統の空洞化を招き、日本社会のカオス化をもたらしかねない。複雑で多様な世界、カオス化する現代において、私たちが希望ある未来を展望していくには、単なるわかりやすさに滞まることなく、文化的伝統をもとに言語的思考を重ね、「五感」を自然環境のなかで研ぎ澄まし、新しく多様なデザインとして表現することが不可欠である。

「大学のまち・学生のまち」京都は、文化交流・発信拠点として長きにわたって培われた優れた伝統があり、基礎的、応用的、先端的な学術の多様な知の集積・創造拠点を築きあげてきた。

新たなフィールドに挑戦する先端的な科学技術の革新も、国際文化都市としての京都も、複雑な人間を本質的に問い、宗教や哲学、諸科学で問い続けてきた成果であり、京都を包み込む豊かな森林、河川など自然環境や社会環境に息づいた学びの成果でもある。

大学の社会的使命は、現代が抱える諸課題に取り組み、希望ある未来を切り拓く学生を育むことにある。京都に多くの学生を新たに迎えるこの時期にあたって、こうした大学への社会の期待に十分応えたい、と気をひきしめている。

『京都新聞』（夕刊）2016年4月13日掲載

いのちの尊厳へ目覚め

誕生を祝う行事

5月、私どもの大学では建学の精神に掲げている親鸞聖人の誕生日を迎える。その日、21日は大学創立記念日でもある。その前4月8日、お釈迦《しゃか》様の誕生日の「灌仏会《かんぶつえ》」を迎えると、じきにそうした大切な日を迎えるのが毎年の恒例である。

「灌仏会」は、「仏生会《ぶっしょうえ》」とも言われ、一般には「花まつり」と呼ばれ、現在も全国の仏教寺院や仏教系の学校、幼稚園や保育園でも行われて多くの人びとに親しまれている。色とりどりの草花で飾った花御堂の中で甘茶を満たした浴盤の中央へ安置した誕生仏像に、甘茶を柄杓《ひしゃく》でそそいで誕生を祝う。

「灌仏会」の初出の記録は、『日本書紀』の「推古天皇十四年（六〇六年）の条」にさかのぼり、「四月の八日、七月の十五日に設斎す」とある。7月15日は、盂蘭盆会《うらぼんえ》のことである。お釈迦様が誕生して7歩歩いて、右手で天を指し、左手で地を指して「天上天下唯我独尊」と宣言したこととともに、「灌仏会」は、ひいてはすべての人の誕生をこの上なく尊いこととして祝う豊かな精神文化を日本社会に定着させてきたのである。

親鸞聖人の誕生を祝うのは、「降誕会《ごうたんえ》」と言う。それは明治初めに西本願寺の島地黙雷や赤松連城らが西欧視察に出向き、キリスト教社会を目の当たりにしたことが契機であった。帰国後、西本願寺で「宗祖降誕会」を1874（明治7）年5月21日に開催し、その後、宗派の学校である大教校のもとに開設された普通教校の学生たちが、1887（明治20）年5月21日に学校でお祝い会を開いた。

以後、恒例となった大学行事は、当初から絵画・書道・演劇など学生の発表会や仮装行列、相撲大会、あるいは屋台が繰り出すなど学生はもちろん京都市民も集い、2万人を超える人びとでにぎわった。幟《のぼり》をたてての行進は5月の市内の風物詩となり、第2次世界大戦により途絶えることがあったものの、市内目抜き通りを練り歩く提灯行列は、今この時期の催事である。

宗祖・教祖の誕生を祝う行事は、世界のさまざまな国で、時を異にして開催されている。「灌仏会」は、多くの東南アジア諸国ではインド暦5月の「ウェーサーカ祭」、キリスト教のイエス・キリストは12月25日「クリスマス」・イースター、あるいはイスラム教の教祖ムハンマド生誕祭など、いずれの祝祭も、かけがえのない人の誕生と尊厳を貴ぶ。ただ、文化的歴史的背景、いわれを欠落した日本でのクリスマス行事は、共同飲食やプレゼント文化の慣行となり、必ずしも「いのち」の尊厳に目覚め、気づきを伴っているとは言えない風潮がある。

大学では今年も親鸞聖人の誕生を祝うとともに、学生一人ひとりの誕生とその尊厳にも目覚めることができる大切な機会となるよう、恒例行事を迎えたい。

『京都新聞』（夕刊）２０１６年5月18日掲載

学びの拠点 広がる役割

大学コンソーシアム京都

6月に、私は「公益財団法人大学コンソーシアム京都」理事長の4年間の在任期間を終える。皆さんは、大学コンソーシアム京都をご存じだろうか。

それは、京都駅近くにあるキャンパスプラザ京都を活動拠点としている。京都市と京都府内にある48加盟大学、短期大学が京都市や京都府などの自治体、京都経済同友会など経済団体と連携して加盟校相互の結びつきを深め、教育・研究の向上を目指す全国最大のコンソーシアム組織である。1993年3月に全国初の大学連携組織「京都・大学センター」として発足以来、四半世紀に近い活動の歴史を積み重ねて、現在に至っている。

発足当初からの主要な事業は、受講者数と提供科目数で現在も全国一の規模である単位互換事業である。今年2016年度の提供科目は589科目を数え、受講生は3412名にのぼる。最近では、「京都世界文化遺産科目」、市民の生涯学習「京《みやこ》カレッジ」

などを開設し、「京都学」を学ぶ科目をはじめ大変好評を博している。

学生のまち京都を象徴する学生交流事業として、学生がプロデュースする学生祭典がある。第14回を迎える今年は10月9日、平安神宮・岡崎プロムナード一帯（京都市左京区）を中心に開催される。昨年は学生や市民、観光客ら約17万人が集い、学生の躍動感あふれる「京炎　そでふれ！」、全国おどりコンテスト、縁日、子ども、ファッションなどの多彩な企画が一体となり、大盛況であった。

京都には、国内外に知られた伝統的な三大祭りとして葵祭と祇園祭、時代祭がある。学生祭典はこれら伝統的な三大祭りに加わり、新たに「四大祭り」として広く市民に親しまれるようになった。

「京都国際学生映画祭」も、注目を集めている。今年度で19年目になる事業で、学生の自主映画を世界各地から集めて上映し、未来の映画人の発掘を目指す。また、「学まちコラボ」は、大学と学生、地域が協力して、京都のまちの課題解決や活性化を目的にする取り組みで、今年度で13年目を迎える。

国際事業部では、昨年4月に加盟大学、日本語学校などの教育機関や企業、京都市、京都府などからなる「留学生スタディー京都ネットワーク」を開設した。それは大学、京都における国際化推進の新たな拠点であり、留学生への住宅・就職支援によって各大学への留学生入学を推進するため、魅力的なプログラムを実施している。

大学コンソーシアム京都は、私が理事長に就任した4年前と比べても、さらに日本や世界のグローバル化、情報化の進展にともなった多彩な学びの事業を展開している。その使命と役割は、今後ますます増大するに違いない。学生、市民、あるいは留学生が大勢キャンパスプラザ京都に集う、これからの活動に注目したい。

『京都新聞』(夕刊)2016年6月15日掲載

命支える食の循環学ぶ

農学部のスタート

7月は、5月に田植えをした稲が葉のさやの間から穂をつくりはじめる。穂の先から花が咲き、おしべの花粉がめしべにつく受粉が終わると1カ月ばかりでかたい実がつく。秋の収穫に向かってのこれからの暑い季節は、大変気がかりである。秋には実り豊かな稲の刈り取りができるだろうか。本学では、このたびの熊本地震被災地に実家がある学生がおおぜい在学している。実家のある熊本や大分では、田植えができただろうか。秋には稲の刈り取りはできるだろうか。

日本列島で暮らしを営む私たちは、米を主食として命をつないでいる。台風や干ばつ、冷害や病虫害などで凶作、不作となり、幾度も人びとの命や生活が脅かされた。飽食の時代に生きる私たちも、あらためて命を支える食の大切さを考えたい。

私どもの龍谷大学は2015年4月、私立大学として1980年以来35年ぶりに、農学部を大津市瀬田キャンパスに開設した。『いのち』を支える『食』を考え、『農』を学ぶ。」そして、「食の循環」（生産・加工・流通・消費・再生）をコンセプトとした教学を展開している。

「食の循環実習」は必修科目であり、学生は大津市上田上の農場で田植えや稲刈りなどを実習する。昨年10月には新入生が初めて手作業での稲刈りをし、これまでの学校生活とは違った農場での体験は、彼らの農学への興味・感性を高め、農学への主体的な学びを広め、深めていくであろう。学生とともに私も黄金色の稲を刈り取ったが、それは子どもの頃の体験にタイムスリップしたようで、実に楽しい農作業であった。

35年ぶりとなる農学部開設であったが、この間、日本社会は世界第3位の経済大国化、高度産業社会への道を突き進んできた。それは、都市圏への人口集住をもたらす一方で地方の人口減少、ことに農業従事者の著しい減少、耕作放棄地の拡大をもたらし、農業分野への関心のみならず、「いのち」を支える食への関心も低下させてきた。

都市化は核家族化を進め、食卓を囲む家族の減少、ファストフード、冷凍加工食品の普及など、利便さと引き換えに肥満や糖尿病など健康被害をもたらした。さらに小麦や肥料など重要な資源の海外に依存する比率を高め、いわゆる食料自給率は、生産額ベースで64%、カロリーベースで39%（2014年度）など、長期的な低下傾向が続いて、深刻な事態である。

５年前の東日本大震災は、私たちの国土や森林、農地に深刻な影響を及ぼすものとなった。このたびの熊本地震は、被災地の農業や畜産業に壊滅的な打撃をあたえた。

　これからは、日本社会や世界の流動化している現実に真剣に向き合い、豊かな「食と農の未来」をたくましく拓《ひら》く、情熱を持った若者の力をしっかり引き出したい。大学の教育・研究環境を十分整えて、支援していく覚悟である。

『京都新聞』（夕刊）２０１６年７月13日掲載

いのちのつながり尊ぶ

盂蘭盆会と8・15

8月、早くも「お盆」が過ぎ、「8・15」が過ぎ去った。今月上旬からテレビ中継や新聞報道ではオリンピックの話題を追っている。これから9月にはパラリンピックも開催される。しかし私にとっての8月は、やはりお盆であり、8・15の月である。

盂蘭盆会は「盆会」「精霊会」「歓喜会」などと呼ばれ、東日本では7月に迎えるが、西日本では8月に迎える、大切な年中行事である。お釈迦様のお弟子の中で神通第一といわれる目連尊者が餓鬼道におちている母親を救おうとして供養したという『盂蘭盆経』にもとづいて、お盆は日本社会に多様で豊かな仏教文化を根付かせ、今に至っている。盂蘭盆会の日本での初出記録は、『日本書紀』推古天皇14年（606）の条にさかのぼるので、ずいぶん昔のことである。奈良時代の聖武天皇のころには宮中の仏事となった。その後、イエの成立とともにイエの先祖の仏事として日本の各地に定着し、一人ひとりの家族、先祖の「いのち」

を育む豊かな日本の文化・精神的文脈を培ってきた。

今年もお盆を迎え、私は亡き人は浄土に往生して仏になられ、この世に還って釈尊と同じように衆生を救うはたらきをされていると受けとめ、「いのちのつながり」を喜ぶことができた。そして8・15を迎えた。先の大戦では戦争の惨禍によって、あまたの尊い「いのち」が失なわれた。8・15では、あらためて戦争のない、平和な社会を築いていく歩みを強く誓った。

戦争にちなんだ日は、1945（昭和20）年8月15日だけではない。その直前の「8・6」広島への原爆投下、「8・9」長崎への原爆投下、あるいは「3・10」東京大空襲、「3・13」大阪大空襲はじめ日本各地の空襲被害、「6・23」の「沖縄戦終結の日」などそれぞれ忘れることができない。

もちろん、12月8日の太平洋戦争開始日も、それぞれ日本社会にとっては重要な日である。しかし、戦争が長く続いて迎えた戦後日本の8月、とりわけ8月15日は、今年も多くの人が特別な感情・思いをいだいて過ごされたのではないだろうか。

政治思想史の研究者、丸山眞男は仏教思想にも造詣が深かったが、丸山は「超国家主義」を分析し、政治や国民の責任の所在を次のように述べた。

「日本軍国主義に終止符が打たれた八・一五の日はまた同時に、超国家主義の全体系の基盤たる国体がその絶対性を喪失し今や始めて自由なる

主体となった日本国民にその運命を委ねた日でもあったのである。」（「超国家主義の論理と心理」より）

丸山は20年前の1996（平成8）年8月15日に亡くなったが、「国策」「国益」などを声高に語られる世の中は、丸山の言葉をこそ遺訓としたい。8・15への歴史的文脈をたどり、「いのちのつながり」の豊かな精神性をあらためて考える、8月である。

『京都新聞』（夕刊）2016年8月24日掲載

混とんの現代 照らす灯

仏教総合博物館からの発信

9月から、そして明年3月から、2期にわたって私ども龍谷大学の「龍谷ミュージアム」では特別展を開催する。「浄土真宗と本願寺の名宝Ⅰ―受け継がれる美とこころ―」（9月24日から、11月27日まで）と「浄土真宗と本願寺の名宝Ⅱ―守り伝える美とおしえ―」（2017年3月4日から6月11日）である。

このたびの特別展は、本願寺の新しい門主、第25代専如門主の伝灯奉告法要を記念する。本願寺を中心として本年10月から明年5月にかけ、全10期80日修行される法要の参拝者はもちろん、同寺の門前に立つ龍谷ミュージアムが市民をはじめ、多くの来館者で賑わうことを願っている。

主な展観物は、本願寺所蔵の法宝物、親鸞聖人の国宝「鏡御影」、『三十六人家集』、重要文化財『慕帰絵』『栄華物語』『歎異抄』のほか、影像や名号、絵画や書籍、あるいは地方寺院が所蔵する貴重な木像、墨跡の文化財である。こうした展観は希有なことで、ぜひこの機会に、多くの方々に仏教文化財を間近に鑑賞していただきたい。

龍谷ミュージアムは、2011年4月、龍谷大学創立370周年を記念して開設した。インドでの仏教誕生からアジアへの広がり、日本で展開した仏教を中心とする文化財を公開し、仏教文化への理解を深めてもらうこと、学術研究の成果を社会に還元することを目指している。大学が開設した仏教総合博物館としては、国内随一を誇る。

開設以来、特別展「仏教の来た道―シルクロード探検の旅」「平山郁夫悠久のシルクロード」など10回、企画展「市田ひろみコレクション　世界の衣装をたずねて」「三蔵法師　玄奘　迷いつづけた人生の旅路」など3回、平常展「仏教の思想と文化　インドから日本へ」9回を展観して、来館者は43万7千人に達し、今年で開設6年目を迎えた。

2014年8月、梅原猛氏や千玄室氏ら著名な学者や文化人5人は、「京都文化フェアーの呼びかけ」を行った。京都は「日本文化の心のふるさとである。いのち輝く文化都市・京都は、その持てる文化の力を最大限に発揮し、併せて京都の持つ古今東西にわたる文化融合の可能性を世界に知らしめるとともに、21世紀日本の文化首都として新しい文化の創造と、次代への継承に向けて、不断の努力を傾注しなければならない。」と、京都からの新たな文化創造を提言している。

仏教は、生きとし生けるものすべてのいのちが輝いて生きる。豊かな文化を多様な造形で創造し、継承して、長きにわたって日本文化を培ってきた。このたびの龍谷ミュージアム特別展は、混とんとした現代を生きる人びとの闇を照らす「灯」となり、その「灯」が文化都市・京都から全国に、さらに世界の人びとに伝わる一助でありたいと願う。

『京都新聞』（夕刊）2016年9月21日掲載

多民族共存の現場体験

未来拓く人材と留学

10月下旬に、私はアメリカ出張を予定している。龍谷大学は2006年、カリフォルニア州バークレーのBCA浄土真宗センターにRUBeC（龍谷大学バークレーセンター）を開設した。今回は、同時に10周年の節目を迎えるBCA浄土真宗センターの記念式典に参列することになっている。

RUBeCでは、BIE（バークレー・インターカルチュアル・イングリッシュ・プログラム）という本学独自の留学プログラムを設けている。それは単なる語学研修プログラムではなく、語学研修に、英語による講義の受講、それにボランティアによるコミュニティ・サービス・ラーニングを組み合わせた内容である。英語によるコミュニケーション力の向上とともに、多民族が共存するアメリカ社会の現場体験を通し、学生が広い視野と国際感覚を身につけることを目標としている。

プログラムは2種類あり、そのうち5ウィーク・プログラムは8月中旬～9月中旬と

2月中旬~3月下旬の2回実施し、最大6単位を取得する。セメスター・プログラムは、9月下旬~2月下旬に実施し、最大18単位を認定する。他にスプリング・セメスター・プログラムを3月下旬~7月下旬に実施している。毎年、約100人の学生を派遣し、10年間で1100人近くの学生が、BIEの目標を達成してきた。金融の自由化などグローバリゼーションを主導するアメリカの活力を感じるとともに、社会的格差や貧困など社会に内在する現状を目の当たりにした学生たちが帰学して、自らの進路、さらに日本や世界の未来を切り拓くために本気で学びを深める。BIE体験者は、今や社会のさまざまな分野で活躍している。

RUBeCは、本学の教育・研究の海外拠点のひとつであり、スタッフが常駐し、学生の留学や教職員の研究をサポートしている。本年5月から始まった国際学部グローバルスタディーズ学科のカリフォルニア大バークレー校への提携留学は12週にわたり、学生15人が参加した。また、グローバルに活躍できる技術者を養成するため、理工学研究科の「RUBeC演習」も開設している。

グローバル社会に向きあい、本学は2015年度、BIEを含め21カ国に約440人の学生を派遣。世界34カ国から約450人の留学生を迎え、キャンパスの国際化を進めている。多様な留学プログラムの展開は、グローバル化の課題に積極的に応えるものである。

人材のグローバル化には、自国の文化、伝統、作法を十分に修得して交流・対話することが必要であると、私は考えている。京都は茶道、華道、能などをはじめ、広く日本文化を学ぶ格好の都市である。留学前に文化、伝統なども学び、留学後には、留学体験を生かした国際感覚、語学力、対話力、そして豊かな日本文化力とともに、柔軟な人間力を身につけた「グローバル人材」に成長することを期待している。このたびのＲＵＢｅＣ10周年を機に、今後より充実したグローバル教育を展開したい。

『京都新聞』（夕刊）２０１６年10月19日掲載

文化を楽しむ秋

11月は文化の日（11月3日）を中心に「文化月間」である。多くの大学で10月末から11月にかけて大学祭が開催され、学生がさまざまな芸術文化の展示や表現を繰り広げ、私たちを楽しませてくれている。

私どもの大学では第94回龍谷祭を開催し、テーマは「楓《かえで》」であった。同時に開催している学術文化祭は今年、45回目で、テーマは「文化が『あなた』をつくる」である。学生主体の実行委員会が決めるテーマは、いつも大変興味深い。「楓」は花言葉が「大切な思い出」であり、学生の友人関係はじめ人とのつながりを大切にしたいという想《おも》いと京都の美しい紅葉の景色とを織り込んだ、いいテーマであると思う。「文化が『あなた』をつくる」にも、感心した。

自由と平和 あってこそ

大学のまち京都において、本学大宮学舎の本館、北黌《こう》、南黌、正門・旧守衛所などは重要文化財に指定されている。本館は１８７７（明治10）年1月、本願寺第21代明如《みょうにょ》宗主の時代に起工し、2年後の79（明治12）年1月に竣《しゅん》工して、5月に落成式を行った。「擬洋風建築」といわれ、寄棟造、桟《さん》瓦葺で、外観上、石の柱が立ち並ぶが、実際は石材は柱などの木部に貼り付けられていて、これを「木造石貼り」という。本館内部の講堂の柱頭の彫刻は西洋建築のアカンサスをまねたデザインで、天井には、昭憲皇太后の寄贈による蜀江《しょっこう》文様の「金襴織り」が日本の伝統的な手法で貼られている。このような校舎は、創建当初の建物が保存された、希《け》有《う》な建物群である。その隣には、世界遺産に登録された西本願寺の国宝、重要文化財に指定された建物群があり、学生は文化財に囲まれた環境で学び、研究することができる。広く文化への関心・理解を醸成する環境は、本学の誇る「文化」の一つである。

文化都市京都では、秋の特別拝観や一般公開が始まって、長年にわたって保存、継承されてきた建造物・絵画・仏像・庭園など、大切な多くの文化を間近に鑑賞することができる。「京都学」としても、公益財団法人大学コンソーシアム京都の京カレッジ「京都学講座」をはじめ、各大学での「京都学」開講で、京都の歴史や文化の魅力がさまざまな分野から取り上げられている。

1948（昭和23）年に公布・施行された国民の祝日に関する法律第2条は「文化の日」を「自由と平和を愛し、文化をすすめる」と明記していることを、私たちは深く心に刻んでおきたい。自由と平和を希求する国民の弛《たゆ》まない努力で後世に残すことができるのが、「文化」にほかならない。遠くシリアでの古代遺跡パルミラなどの貴重な文化遺産破壊は、自由と平和の対極にある心痛む出来事である。

『京都新聞』（夕刊）２０１６年11月16日掲載

平成28年（2016年）11月16日（水曜日）本版　夕刊　キャンパスB　夕刊 003ページ

SALON QUATTRO II

赤松徹眞　龍谷大学長

自由と平和あってこそ

文化を楽しむ秋

京都新聞社 The Kyoto Shimbun Co.,Ltd.

2016年11月16日（水）『京都新聞』（夕刊）の３面に掲載された記事。左写真は大宮キャンパスの建物。

生き抜くよりどころに

新成人の儀式

12月、師走も押しつまり今年も残りわずかとなった。「師走」の語源は、平安末期の「色葉字類抄《いろはじるいしょう》」にあると言われている。そこには、師匠の僧がお経をあげるために東西を馳せ参じるということで師馳《しは》すとよばれた、と記されている。この時期、大学もどこもかしこも師走の忙しさが募っている。

龍谷大学では今月18日、「成人のつどい」を開催した。1976（昭和51）年に初めて開催し、今年42回目を迎えた、大学の重要な行事である。

以前は新年1月中旬に行っていたが、2年前から時期を早めた。学生が地元自治体の成人式に参加しやすいように、また1月の定期試験に支障がないように配慮したためだ。

「成人のつどい」は、仏前の音楽法要で、キャンドルサービスを執り行っている。キャンドルサービスの「灯火」は、本願寺第12代准如宗主の頃から約400年間灯《とも》り続けている本願寺御影堂の「常灯明」を分灯する。毎回、学生代表が西本願寺におまいりして灯明を頂き、大学に持ち帰る。暗くなった式典会場の中にくっきりと浮かび上がる学生一人一人のキャンドル、そして多くの灯りが集う光景は、大変印象的である。

伝統的な「灯火」が不確かな現実の闇を照らし、不安を抱える人間の闇をも照らしていることを、学生が少しでも感じてくれたら、うれしい。大学の成人式が人のいのちの不思議さに目覚める機縁となり、たくましく生き抜くよりどころとなってくれることを念じたい。

法要後は有識者による講演会、さらに新成人を祝う記念パーティーがある。パーティーでは新成人となった学生だけでなく、先輩、後輩など友人、教職員が参加して親交を深めている。仏式行事もパーティーも、新成人にとって楽しい大学生活の思い出の一つとなることを願っている。

1948（昭和23）年に交付・施行された祝日法「おとなになったことを自覚し、みずから生きぬこうとする青年を祝いはげます」の趣旨から、1月15日が「成人の日」と定められた。その後1998（平成10）年の祝日改正法（通称ハッピーマンデー制度）により、「成人の日」は1月第2月曜日に移った。地方自治体では開催日をさまざま設定して、例年実施している。「20歳成人」の重要な人生儀礼、社会的意味に加え、今年6月からは公職選挙法改正で18歳から選挙権を有することになった。政治参加への道が、若者の夢と希望が持てる社会実現への一歩となることを、大いに期待したい。

『京都新聞』(夕刊)2016年12月21日掲載

他者への慈しみを誓う

新年の計　世界は

　1月、元旦に始まり正月が明け、早くも月半ばとなった。「1月は『往《い》ぬる』、2月は『逃げる』、3月は『去る』」とは、よく言ったものである。

　仏事では、元旦に「元旦会《え》」を行う。「修正《しゅしょう》会《え》」と一般に呼び習わされ、寺院や家庭などでは、そろって新年を迎えたことをみんなで喜ぶ。「修正会」は、中国の年始儀式が日本に伝わったものだといわれている。前年の悪を正して新年の天下太平を祈る法会が、奈良時代に仏教寺院で行われ始め、日本各地に広まったようである。恵まれたいのちに深く目覚め、新しい年を迎えることができたことを喜び、感謝の気持ちを表し、他者への慈しみの心をもって生きることを誓う大切な機縁となる。

　現代にも根付いている伝統行事であり、私どもの大学でも例年変わらぬ年頭行事でもある。大学では正月休みが明けると、校務を再開する前に、この「修正会」を行っている。「一年の計は元旦にあり」のたとえのごとく、「新年の計」、教育・研究・社会貢献を通しての大学全体の質の向上をともに誓い、2017年、平成29年、そして仏暦では2560年の誓いを新たにした。

仏暦は日本では一般になじみがなくなったが、タイやカンボジアなど仏教国では広く使用されている。紀元前543年に当たる仏滅紀元元年から数えて今年は2560年になる。一方、仏暦とも新暦とも異なる「旧暦」を使用する国がある。その国々では目下旧正月準備におおわらわであろうか。これから新年を祝い、正月行事がにぎやかに繰り広げられるだろう。ヒト・モノ・カネが国境を越えて複雑に行き交うグローバル社会においても、正月風景ひとつとっても多彩である。世界の動きは宗教、文化、価値観など、ますます複雑化し、変化し、多極化している。

ジョージタウン大学のチャールズ・カプチャン氏が「誰のものでもない世界をどうまとめるのか」と述べているように、私たちは今まさに世界の転換期に直面している。この正月には、トルコやイランの銃撃や爆弾テロ事件で多くの死傷者が生じた。世界各地で難民生活を余儀なくされている大勢の人々は、正月を迎えても特別に喜ぶことはできない。日常の暮らしが失われ、日々いのちをつなぐだけの過酷な暮らしを強いられている。

大学は毎年「学年暦」を作成する。4月の入学式に始まり、翌年3月に卒業式などを執り行って学業をまとめ、一年を締めくくる。「年のはじめ」は1月ではなく4月である。今月は、学生の学修到達を計る定期試験の月。定期試験や学位授与に関わる責任もあって、大学に身を置く者は1月を殊の外「往ぬる」と感じるのだろうか。

『京都新聞』（夕刊）２０１７年1月18日掲載

未来を拓く意思を歓迎

入試シーズン

2月、本格的な入試シーズンである。大学入試あるいは小中高入試でも、受験生は合格通知を受け取るまで心休まることがないであろう。

大学入試センター試験は、1月14・15日の両日に実施され、志願者数は全国で約57万6千人に及んだ。参加大学・短期大学数は848校、現役志願者率は43・9％で過去最高となった。センター試験は国公立大学だけではなく、私立大学の多くが参加して実施される。

京都府内17会場のひとつである私どものセンター試験会場は時折雪がちらつき、寒い中会場入りした受験生は、みな緊張した面持ちであった。受験生たちが普段の実力を十分発揮し、試験が滞りなく終わるよう、試験監督の本学教職員も、緊張して臨んだ2日間であった。

センター試験が終わっても、今月は私立大学はじめ各大学独自の入学試験の真っ最中である。私立大学の入学試験は今月だけではない。昨年秋から年を越して、およそ半年間にも及ぶだろうか。本学では昨年10月から入学試験を実施して学力や高校生活での学びの成果を問い、合格者を決定してきた。「公募推薦入学試験」あるいは「課外活動選抜入学試験」等、入学者受け入れ方針（アドミッション・ポリシー）にもとづいて各種入試を実施し、受験生の合否を決定する。

合格者に、入学後の大学生活で何を学んでほしいか、大学が何を期待しているかは、大学独自の「3つのポリシー」で明らかにしている。卒業認定・学位授与の方針（ディプロマ・ポリシー）、教育課程編成・実施の方針（カリキュラム・ポリシー）、そして「アドミッション・ポリシー」である。本学では、浄土真宗の精神を「平等」、「自立」、「内省」、「感謝」、「平和」の5つの言葉で受けとめ、指針として自らの生き方を主体的に問うことを建学の精神としている。そして、その精神をよりどころに、教養教育、専門教育、人間教育を展開し、入学者ひとりひとりが、これら学びをつうじて学力・知力を高め、潤いのある豊かな人間的成長をとげることを期待している。

従って、大学にとっては、今月実施している「一般入学試験」だけでなく、入学試験全期間を通して志願者自身の学業動機など、多くが気がかりとなる。私は学業への高い志と自らの進路への夢と希望を持ち、新しい時代を担い、未来を拓《ひら》こうとする意思をもった志願者を歓迎したい。受験場で緊張した面持ちの受験生を前にして、本学での学びによる人間的な成長を強く願う。新入生を迎える4月を楽しみにするとともに、教育の質を保証した魅力ある大学づくりが大切であることを肝に銘じて、この2月の入試にも緊張して臨んでいる。

『京都新聞』(夕刊)2017年2月15日掲載

大学を巣立つ日は間近

卒業シーズン

3月の「卒業シーズン」を迎えて、中学・高校より少し時期が遅れるが、学生は学位を取得し、社会に出るため大学を巣立つ日が間近である。卒業式は学生にとって在学中に学び、研究した成果、さまざま経験したことを跳躍板として、未来に向けての確かな、そして大きな一歩を刻む記念すべき日である。しかし、学生を迎える世界は必ずしも穏やかな世界ではなく、先を見通すことも難しい視界不良の荒海だろう。

現代は政治的にも経済的にも文化的にも、あるいは軍事環境も自然環境も悪化し、混迷の度を深めている。日本国内は一見穏やかそうであるが、１０００兆円を超える国の借金を抱え、国の財政は悪化の一途をたどっている。低賃金の非正規雇用者が約２０００万人となり、経済面での格差が広がりをみせている。２０１１（平成23）年3月の東日本大震災から6年が経過して、「復興」が進みつつあるものの、破壊された原子炉の状態は高い放射線を排出し続けており、廃炉に向けての工程は極めて厳しい現状である。2008（平成20）年以降の人口減少にあっても、相変わらず東京圏への人口集中を是正できず地方での人口減少は地域社会のさまざまな領域で深刻な問題を投げかけている。

こうした課題山積の社会に学生が向き合い、立ち止まって考え、未来に向けた社会のあり方について想像力をはたらかせることが大切である。今こそ、卒業してからの自主的かつ主体的な学びの継続、生涯にわたっての学びの持続がなによりも必要である。言われるところの一人ひとりの「伸びしろ」は、卒業後の人生においてこそ見いだせるもので、在学中に培った豊かな教養、しなやかな知性と確かな意思がそれを実現するであろう。

私たちの建学の精神は、釈尊や親鸞の教えや生涯からの学びを大切にして、常に謙虚さをたもち、自他の関係性に生かされて、希望ある未来を拓くことを生涯の営みとする。

私が大学に入学したのは1967（昭和42）年4月であるから、半世紀前のことである。大学のまち、学生のまち京都での私の学び、研究は、良き師に恵まれ、先輩後輩そして多くの学生との得難い出遇いがあり、大変実り多いものであった。私はこの3月で学長職の任期を終え、教授職は定年退職を迎える。新社会人とともに、限りある残された時間のなかで社会の現実にしっかり向き合い、次のステージに向けての新たな一歩を踏み出したいと思っている。

学びの本質は今も半世紀前も変わりはない。ただ混迷する現代社会では、これまでの学びの成果を通して社会の諸課題に解決の方向を見いだせるよう取り組む必要があることを、昔以上に速やかに求められるかもしれない。「可能性の種」をもつ学生の皆さんがお祝いされる卒業式は、学業の終わりではなく新たなステージの始まりである。

『京都新聞』（夕刊）2017年3月15日掲載（予定稿）

著者紹介

赤松　徹眞（あかまつ　てっしん）
1949年奈良県宇陀市に生まれる。
龍谷大学大学院文学研究科修士課程修了、同大学院文学研究科博士後期課程単位取得満期退学（文学修士）。同大学文学部教授、文学部長を経て2011年4月～2017年3月まで龍谷大学学長。
専門は日本仏教史（日本仏教の歴史的な展開、現代仏教の可能性を研究）。

【研究業績】
『「新仏教」論説集』全4巻（永田文昌堂、1978年）、『資料・清沢満之』全3巻（同朋舎出版、1991年）は共編。『日本仏教史における「仏」と「神」の間』（龍谷大学仏教文化研究叢書、2008年）など多数。

龍谷大学の日々―学長職退任にあたって―

2017年3月15日　第一刷
2021年3月22日　第三刷

著　者　赤松徹眞
制　作　見聞社　京都市左京区北白川追分町67－7
発行者　永田　悟　京都市下京区花屋町通西洞院西入
印刷所　図書印刷　同朋舎　京都市中京区西ノ京馬代町6－16
発行所　創業慶長年間　永田文昌堂　京都市下京区花屋町通西洞院西入
電　話（075）371－6651
FAX（075）351－9031

ISBN978-4-8162-5056-9　C1015